ŒUVRES

DE MADAME

DE STAAL.

TOME QUATRIÉME.

ŒUVRES
DE MADAME
DE STAAL.
TOME QUATRIÉME.

A LONDRES.

M. DCC. LV.

L'ENGOUEMENT,

COMÉDIE

EN TROIS ACTES,

PAR

MADAME DE STAAL.

ACTEURS.

ORPHISE.

AGLAÉ, *fille d'Orphise.*

DAMIS, *fils d'Orphise.*

DORANTE, *ami d'Orphise.*

ERASTE, *ami de Dorante.*

VALERE, *fils d'Eraste.*

JUSTINE, } *femmes d'Orphise.*
SOPHIE, }

M. TRIFFIN, *intendant d'Orphise.*

Un PORTE-BALLE.

DUVAL, *valet de chambre d'Orphise.*

La Scène est dans un salon du château d'Eraste.

L'ENGOUEMENT,

COMÉDIE

EN TROIS ACTES,

PAR MADAME DE STAAL.

ACTE PREMIER.

SCENE PREMIERE.

ORPHISE, DORANTE.

ORPHISE.

LA maiſon, les jardins, les vues, les entours m'enchantent. Bois, forêts, rivieres, canaux, tout ce qu'on peut vouloir ſe trouve ici. Je n'ai jamais rien vu, rien imaginé de ſi agréable. Les logemens commodes, bien tournés, les meubles du meilleur goût. Cela eſt parfait.

DORANTE.

Mon ami Eraſte ſera charmé de vous entendre ſi bien louer ſa demeure : Il s'apperçut dès hier, à votre arrivée, que le château vous plaiſoit, & en fut tranſporté de joie. Je me ſçais gré de vous l'avoir indiqué, pour vous épargner une trop grande journée, ou la mauvaiſe nuit d'un cabaret.

ORPHISE.

Vous avez bien fait, Dorante, de m'applanir les difficultés de ce voyage, puiſque c'eſt vous qui m'y avez embarquée. Il eſt vrai qu'il y a longtemps que je voulois aller au couvent de ma fille, pour faire connoiſſance avec elle; mais ſans l'appas de voir ce lieu-ci & d'y venir avec vous, j'aurois encore différé. Sçavez-vous ce que j'ai fait? Au lieu d'aller demain à ce triste couvent, où il me faudroit voir l'abbesse, les religieuses, me fatiguer & m'ennuyer, j'ai envoyé cette nuit une chaise de poste à ma fille, avec une de mes femmes, pour me l'amener ici: & comme il n'y a pas loin, je compte qu'elle va bientôt arriver. Vous dirai-je tout? C'est que je trouve ceci tellement fait pour moi, que je suis résolue de n'en sortir de ma vie.

DORANTE.

C'est ce qui s'appelle compter sans son hôte; car le vôtre n'a pas envie de se défaire de sa maison: il l'a rebâtie, y demeure, & en fait ses délices.

ORPHISE.

Oh! je l'aurai, monsieur, à quelque prix que ce soit, quand j'y devrois mettre tout mon bien.

DORANTE.

Eh non, madame, vous ne l'aurez pas : c'eſt une terre de temps immémorial dans la famille d'Eraſte, qui n'a que faire de votre bien, mais qui voudra conſerver le ſien.

ORPHISE.

Eh bien! qu'il garde ſon bled & ſes herbes, je n'en ſuis pas curieuſe; mais je veux l'habitation & les promenades : il ne m'eſt pas poſſible de m'en paſſer.

DORANTE.

Peut-être qu'Eraſte pourroit vous la prêter.

ORPHISE.

Non, j'en veux la propriété. Il faut que je ſois ſure d'y vivre, & d'y mourir. Il n'y a qu'à chercher les moyens : je me prêterai à tout....

DORANTE.

Mais, dites-moi, je vous prie, que

feriez-vous à la campagne, vous qui ne trouvez jamais assez de monde ni à Versailles, ni à Paris? Pensez-vous qu'à vingt lieues vous en eussiez davantage?

ORPHISE.

Vous croyez donc que j'aime le monde? Je l'ai en horreur. La cour, la ville, les hommes, les femmes, la galanterie, tout cela m'est devenu odieux: Je suis détachée même de moi: Figure, parure, je ne tiens plus à rien. C'est de bonne heure; mais enfin, cela est comme cela. J'ai vu, au moment que je suis arrivée ici, que rien ne me convient mieux, que de quitter tout ce fracas que je trouve insupportable.

DORANTE.

Eh! vous vivrez dans la retraite?

ORPHISE.

A merveilles.

DORANTE.

Quoi ! toute ſeule ?

ORPHISE.

Pas abſolument. J'ai fait mes plans toute la nuit, ils ſont raviſſans. Ma fille va arriver : je la garderai avec moi. Je ne l'ai pas vue depuis ſon enfance ; elle me ſera preſque une compagnie : Je la marierai, c'eſt encore quelqu'un. Je veux la donner à un homme qui me convienne.

DORANTE.

Il ſera à propos qu'il lui convienne auſſi.

ORPHISE.

Oh ! tout lui ſera bon. D'ailleurs on fait aſſez pour ſes enfans ; il eſt raiſonnable de ſonger un peu à ſoi. Je compte auſſi marier mon fils avec les mêmes convenances. Je l'attens ici, je ne ſçais pourquoi il n'eſt point encore arrivé.

Tout cela me composera une société agréable, & je vivrai ce qui s'appelle en famille. De plus, il me faut un ami de confiance, occupé de moi, sans que je le sois de lui ; un ami intime : cela est bon à cent choses. Dorante, vous le serez. Je vous dis déja toutes mes affaires, tout ce que je pense.

DORANTE.

Vous me faites trop d'honneur, madame : Mais il me semble que je ne vous suis pas encore assez connu pour mériter une préférence si flatteuse.

ORPHISE.

Bon, vous n'y entendez rien. On ne peut pas faire ses amis des gens qu'on connoît. On leur trouve tant de travers, qu'il n'y a pas moyen de s'en accommoder. Ceux avec qui j'ai vécu jusqu'à présent, sont à tuer : les uns ennuyeux, les autres ridicules, extravagans, fous ou imbécilles. Voilà ce qui fait que je quitte le monde.

DORANTE.

J'ai grand'peur, madame, qu'en peu de temps, vous ne me trouviez pis que tous ces gens-là.

ORPHISE.

Non, non. Vous avez de l'eſprit: vous connoiſſez le monde, & ſans doute vous ne l'eſtimez pas; nous en dirons la rage enſemble. Cela nous occupera; car il faut de l'occupation à la campagne.

DORANTE.

Il y a bien des heures dans la journée; je doute que l'emploi de médire puiſſe les remplir toutes.

ORPHISE.

N'aurons-nous pas tous les amuſemens champêtres? Les jours ſeront trop courts pour tout ce que nous aurons à faire. Nous chasserons ; j'aime la chasse à la fureur. Pour nous reposer, nous irons à la pêche, c'est un amusement doux & tranquille : on y rêve le plus agréablement du monde. Nous avons encore la voliere, qui me fournira mille plaisirs. Le soir on voit rentrer les troupeaux, on goûte le lait : tout cela est charmant. Dès aujourd'hui je pêcherai, je verrai les vendanges & la ménagerie ; j'essaierai tous les divertissemens de la campagne ; mais je ne les goûterai qu'autant que je serai sure d'en jouir toujours.

DORANTE.

Voilà bien du champêtre ! N'y mêlerez-vous pas un peu de jeu ?

ORPHISE.

Je déteste le jeu, la séquelle des joueurs, & ne puis plus goûter que les plaisirs qu'offre la nature dans les lieux qu'elle prend soin d'embellir. Ayons donc bien-vîte celui-ci. Parlez tout à l'heure à Erafte : les retardemens me font mourir.

DORANTE.

Mais, madame, n'avez-vous pas déja eu des maifons de campagne, dont vous étiez charmée, qui ont ceffé de vous plaire ?

ORPHISE.

C'étoit bien la même chofe ! de petites guinguettes, de fauffes campagnes, que j'avois, parce que tout le monde en a ; que je croyois aimer, & que je n'aimois pas. La différence eft infinie, entre ce qu'on fait fans fçavoir pourquoi, & ce qui part d'un goût déterminé, comme celui que j'ai pour la folitude.

DORANTE.

J'ai peine à croire qu'il dure, & que vous puiffiez vous paffer du monde.

ORPHISE.

Mais, ſongez donc comme il eſt fait: les hommes faux, les femmes tracaſſieres, des dégoûts à la cour, des miſeres à la ville.

DORANTE.

Tout ce qui vous plaira: Mais vous n'aimerez pas longtemps la retraite.

ORPHISE.

Ceſſe-t'on d'aimer ce qui eſt véritablement aimable?

DORANTE.

De bonne foi, n'avez-vous jamais trouvé des choſes & même des gens à votre gré, & qui n'y ont pas toujours été?

ORPHISE.

Sans doute; mais ce ſont des ſurpriſes: & l'indignation d'avoir été ſéduite, donne de l'horreur pour ce qui a plû ſans avoir droit de plaire. Plus on a de goût pour les choſes parfaites, plus eſt-on expoſé à les croire où elles ne ſont pas.

DORANTE.

Voilà une excuſe générale pour toutes les inconſtances.

ORPHISE.

L'obſtination à ſoutenir un mauvais choix, vous paroît-elle une qualité reſpectable? Pour moi, je ne le penſe pas. Nous ſommes tous ſujets à l'erreur : le prompt aveu de nos mépriſes en eſt, ce me ſemble, le meilleur remede.

DORANTE.

Cette recette eſt d'un grand uſage : j'aimerois pourtant mieux les préſervatifs.

ORPHISE.

Que voulez-vous dire? les préſervatifs?

DORANTE.

Se preſſer un peu moins de juger, de

choisir. Mais voici le seigneur châtelain, qui vient vous rendre ses hommages.

SCENE II.

ORPHISE, DORANTE, ERASTE.

ERASTE.

SEROIS-JE assez heureux, madame, pour que vous vous fussiez trouvée bien chez moi?

ORPHISE.

Si bien, monsieur, que j'y veux demeurer.

ERASTE.

Madame, c'est un honneur auquel je ne m'attendois pas: mais je n'épargnerai rien, pour vous rendre agréable le séjour que vous voudrez y faire.

ORPHISE.

Comment, monsieur, le séjour? Je

n'en veux jamais ſortir.

ERASTE.

Plus vous y reſterez, madame, plus vous honorerez la maiſon, & le maître du logis.

ORPHISE.

Non, non, monſieur, ce ne ſont pas des complimens que je vous demande; c'eſt votre maiſon elle-même. Voyez quel arrangement vous voulez prendre, fixez le prix, reglez les conditions: j'en paſſerai par tout ce qu'il vous plaira.

ERASTE.

Je ſuis au déſeſpoir, madame, de vous refuſer une choſe que vous paroiſſez déſirer ardemment. Mais cette terre eſt un bien de famille, dont je ne puis me déſaiſir, pour quelqu'offre que ce ſoit. D'ailleurs, je ſerois incapable de mettre à prix l'avantage qu'elle a de vous plaire, & d'en vouloir rien au-delà de

ſa

ſa valeur. Mais ſi vous voulez faire quelque belle & bonne acquiſition, je vous indiquerai dans ce païs-ci des terres à vendre, bien bâties, & dans des ſituations encore plus agréables que celle-ci.

ORPHISE.

Non, je n'en veux aucune autre. Je ne ſongeois pas à acheter des terres : j'en ai que je n'ai jamais vues & ne verrai jamais. Je ne me ſoucie point du revenu ; mais cette jolie habitation m'eſt devenue abſolument néceſſaire.

ERASTE.

Madame, il faut tout vous dire. J'ai promis à mon fils de la lui céder en le mariant, & je ne puis manquer à cet engagement.

ORPHISE.

Ah! monſieur, voilà qui eſt le plus heureux du monde! J'ai une fille à marier, je la lui donnerai : j'acheterai la maiſon ; car je veux qu'elle ſoit à moi. Mais pour qu'elle ne ſorte pas de votre famille, je la leur aſſurerai par le contrat de mariage.

ERASTE.

J'ai oui parler avec éloge de mademoiſelle votre fille. Je connois ſa naiſſance ; elle jouit de ſon bien paternel qui eſt conſidérable ; je crois ne pouvoir faire une alliance plus avantageuſe. Il ne reſte qu'à ſçavoir ſi mon fils vous ſera agréable, & s'il pourra plaire à mademoiſelle votre fille.

ORPHISE.

Soyez ſûr qu'il me plaira : c'eſt aſſez. Je réponds de ma fille.

ERASTE.

Je vais donc voir s'il eſt revenu de la chaſſe, & j'aurai l'honneur de vous le préſenter.

ORPHISE.

Ah! votre fils aime la chasse? j'en suis ravie.... Que nous chasserons ensemble!

SCENE III.

ORPHISE, DORANTE.

ORPHISE.

Il n'y a qu'à bien vouloir, on vient à bout des choses les plus difficiles. Voyez comme mes affaires s'arrangent. J'ai la maison, je marie ma fille; tout cela dans le moment va être fait. Ne suis-je pas trop heureuse?

DORANTE.

Plus heureuse que sage. Vous achetez une maison sans sçavoir ce qu'elle vaut; vous mariez votre fille sans sçavoir à qui. Je ſçais, moi, que c'eſt un excellent ſujet, un homme riche & de qualité; mais vous n'en ſçavez rien.

ORPHISE.

Je le ſuppoſe; & vous voyez que je n'ai pas tort.

DORANTE.

J'ai admiré, ſans dire un mot, la diligence avec laquelle vous avez décidé tant de choſes importantes, ſans y faire la moindre réflexion : en voici une où je m'arrête. Vous allez faire une acquiſition conſidérable; avez-vous de quoi la payer?

ORPHISE.

Oh! je ne ſçais pas cela. Mais heureuſement, Triffin mon intendant m'a ſuivi, pour quelques comptes qu'il avoit à régler à ce couvent; & il eſt ici. Je vais lui parler : C'eſt un homme admirable, plein d'expédiens, qui me ſert à ravir, le ſeul de mes domeſtiques dont je m'accommode.

DORANTE.

C'eſt donc un fort honnête homme?

ORPHISE.

Oh! non. Il me vole, mais je le ſçais; je ne ſuis pas ſa dupe.

DORANTE.

Ah! c'eſt aſſez.

ORPHISE.

Les honnêtes gens ſont inſupportables: ils ſe contentent d'être honnêtes gens, ils ne cherchent point à plaire: leur devoir expédié, ils croient que tout eſt fait: ils contrarient, voudroient vous impoſer des loix, & ſe rendent tout-à-fait à charge. J'en ai l'expérience. J'avois avant celui-ci un intendant; c'étoit la probité même. Il avoit mis mes affaires dans le plus bel ordre du monde; ma maiſon, mes gens exactement payés;

tout étoit bien, hors moi qu'il laiſſoit ſans ſol ni maille. Il ſe piquoit de prendre mes interêts; me donnoit des avis quand je n'en voulois point: j'étois ſon martyr, ſon ſouffre douleur: il fallut bien m'en défaire.

DORANTE.

Et heureuſement vous avez trouvé le contrepied?

ORPHISE.

Triffin eſt ſec & bouru; mais il fait tout ce que je veux, & j'ai toujours de l'argent... Ah! le voici lui-même.

DORANTE.

Je vous laiſſe enſemble.

SCENE IV.

ORPHISE, M. TRIFFIN.

M. TRIFFIN.

MADAME, j'ai à vous parler de fâcheuſes affaires.

ORPHISE.

Laiſſons-les là, M. Triffin. J'en ai d'autres à vous dire, bien plus preſſantes.

TRIFFIN.

J'en doute.

ORPHISE.

J'achette cette maiſon, la terre & tout ce qui s'enſuit ; & cela tout à l'heure.

TRIFFIN.

Avec quoi achetez-vous cette terre, cette maiſon ?

ORPHISE.

Avec quoi ? Avec de l'argent.

TRIFFIN.

Où le prendrez-vous ?

ORPHISE.

Je le prendrai où en trouve.

TRIFFIN.

Ce ne ſera pas dans vos coffres ; ils ſont bien vuides.

ORPHISE.

Il faut emprunter.

TRIFFIN.

Sur quoi ?

ORPHISE.

Sur mes terres.

TRIFFIN.

Elles ſont ſaiſies : C'eſt ce que je venois vous apprendre.

ORPHISE.

Vous ſouffrez cela, monſieur Triffin ?

TRIFFIN.

Eh ! comment l'empêcher ? Vous prenez toujours, & rien ne ſe paie.

ORPHISE.

Ce ne ſont pas des remontrances qu'il me faut, c'eſt de l'argent.

TRIFFIN.

Je n'en ſçais pas faire.

ORPHISE.

Qui plus eſt, je marie ma fille : voyez ſi tout cela ſe fera ſans argent.

TRIFFIN.

De combien cette acquiſition ?

ORPHISE.

Je n'en ſçais pas un mot.

TRIFFIN.

Cela ſeroit pourtant bon à ſçavoir.... Vous ſouciez-vous d'avoir encore cette maiſon après votre mort ?

ORPHISE.

Non : mais cette queſtion eſt choquante.

TRIFFIN.

Paſſez cela, & l'achetons à vie : laiſſez-leur la terre ; voilà la ſomme bien réduite. Alors on pourroit . . . N'avez-vous pas vos pierreries ? Je connois un homme en ce païs-ci . . . .

ORPHISE.

Mes pierreries, monſieur Triffin ? Pour rien au monde je ne les lâcherai.

TRIFFIN.

Oh bien, laiſſez cette maiſon & ce mariage dont vous n'avez que faire : ſi vous en êtes ſi engouée, n'y pourra-t'on pas revenir dans un autre temps ? Ce château ſera toujours à ſa place.

ORPHISE.

Il me le faut tout à l'heure, ou point.

TRIFFIN.

Ou point . . . je m'en tiendrois-là. . . Un mariage n'eſt pas ſi preſſé. Une maiſon de campagne, qu'en ferez-vous ?

ORPHISE.

Je la veux, monſieur Triffin, je-la

veux dans le moment. Je n'en démordrai pas. Voilà du monde ; nous acheverons tantôt cet entretien.

SCENE V.

ORPHISE, DORANTE, ERASTE, VALERE.

ERASTE.

MADAME, j'ai l'honneur de vous présenter mon fils qui est transporté de joie, pénétré de reconnoissance des intentions que vous avez pour lui.

ORPHISE.

En vérité, monsieur, je crois que je ne puis mieux faire : Voilà une phisionomie qui me répond de l'heureux sort de ma fille ; & c'est avec le plus grand plaisir du monde que je la lui donne.

VALERE.

Ah ! madame, si vous sçaviez de quel excès de bonheur vous me comblez, vous seriez contente de votre ouvrage.

ORPHISE.

Vous ne connoissez pas ma fille : Je suis surprise de votre ravissement.

VALERE.

Je n'ignore pas combien elle a de charmes ; & l'honneur de vous appartenir, madame, suffiroit seul pour me rendre heureux.

ORPHISE.

Vous sçavez, monsieur, que je désire beaucoup la maison qui vous étoit destinée. Mais vous n'en jouirez pas moins : nous y vivrons ensemble ; je ne puis me séparer de ma fille, & je serai fort aise que vous soyez toujours avec moi. Je vous laisse la terre. Je ne veux que la maison ; je l'acheterai à vie, si vous le trouvez bon, afin que le paiement en ſoit plus facile, plus prompt, & que le retour vous en ſoit plus aſſuré.

VALERE.

Ah! madame, elle ſera trop payée de toutes les graces que vous me faites. Si mon pere y conſent, nous n'y mettrons pas d'autre prix.

ERASTE.

Je loue votre façon de penſer, mon fils; mais en fait d'affaires, il faut moins ſuivre les mouvemens de ſon cœur que les regles établies: c'eſt l'avantage des uns & des autres, & madame eſt diſpoſée à s'y aſſujettir.

DORANTE.

Elle ne voudroit pas que cela fût au-ment.

ORPHISE.

En peut-on douter? Oh l'heureux pere! Votre fils, monſieur, eſt charmant;

& je ſens que je l'aimerai pour le moins autant que ma fille. Mais je crois que la voilà elle-même.

SCENE VI.

ORPHISE, DORANTE, ERASTE, VALERE, AGLAÉ, JUSTINE.

ORPHISE.

JUSTINE, c'eſt donc là ma fille?

JUSTINE.

Oui, Madame.

ORPHISE.

Elle eſt charmante; belle, très-belle, faite à peindre. Valere, qu'en dites-vous?

VALERE.

Madame, elle vous reſſemble.

ORPHISE.

Après ce que j'ai dit, je n'oſe en convenir; mais il eſt vrai que c'eſt à s'y méprendre. Croit-on que je ne ſerai pas heureuſe de vivre ici avec cette jolie créature? Et vous, ma chere enfant, ſerez-vous contente d'y demeurer avec moi?

AGLAÉ.

Je me trouverai, madame, également bien, partout où j'aurai le bonheur d'être avec vous.

ORPHISE.

Elle a autant d'eſprit que de beauté: entendez-vous ce qu'elle dit..? (*Elle l'embraſſe.*) Des manieres, des graces ...: (*Aglaé lui baiſe la main.*) J'avoue que je l'aime déja à la folie. Serez-vous fâché, Eraſte, d'avoir cette belle fille? Ne ſera-t'elle pas bien aſſortie avec votre fils? C'eſt Pſyché & l'Amour.

ERASTE.

Quel préſent vous nous faites, madame ! Soyez ſure que nous en ſentons tout le prix.

DORANTE.

Songez à vous en aſſurer, ſans perdre de temps.

ORPHISE.

En effet, nous n'avons rien de mieux à faire, que de conclure bien vîte tous nos traités. Voulez-vous, meſſieurs, paſſer dans mon cabinet ? nous y ferons venir nos gens d'affaires.

DORANTE.

Enſuite nous dînerons, comme ſimples témoins : n'oublions pas cet article.

SCENE

SCENE VII.

AGLAÉ, JUSTINE.

AGLAÉ.

SE peut-il bien qu'un bonheur ſi inespéré m'arrive en un inſtant? Mais cette fortune rapide ne ſe démentira-t'elle point?

JUSTINE.

Votre joie me ſurprend, mademoiſelle. Eſt-ce un ſi grand bonheur d'épouſer quelqu'un que vous ne connoiſſez pas?

AGLAÉ.

Que je ne connois pas? Ah! Juſtine, dans le tranſport qui m'agite, je ne puis garder mon ſecret. Je vous crois prudente & dans mes interêts. Vous n'en ferez qu'un bon uſage. Il y a longtemps que Valere eſt attaché à moi.

JUSTINE.

Et vous à lui ? Mais comment, dans ce couvent de campagne, avez-vous fait cette connoiſſance ?

AGLAÉ.

Il revenoit de l'armée ; l'abbaye où j'étois ſe trouva ſur ſa route : un des murs qui borde ce grand chemin étoit tombé. Tout le monde y entroit : il entra comme les autres, me vit, & ne ſongea plus qu'aux moyens de me voir. Il inventa mille ſtratagêmes, pour arriver à ma grille, & m'y faire venir. Je ſçus que ſa condition étoit ſortable à la mienne, ſes intentions irréprochables. Auſſi contente de ſon reſpect que de ſes empreſſemens, je crus pouvoir m'engager avec lui. Nous ne ſongions qu'à rendre ma mere favorable à nos vues. Il la fit preſſentir ſur mon établiſſement, ſans ſe nommer ; elle en rejetta la propoſition bien loin. Enfin il ſe confia à Dorante, intime ami de ſon pere & de lui ; & l'engagea de faire connoiſſance avec ma mere, pour nous ſervir.

JUSTINE.

C'eſt Dorante, en effet, qui lui a inſpiré le déſir de vous voir, & lui a propoſé, pour rendre ſon voyage plus commode, de s'arrêter en chemin chez ſon ami, le pere de votre amant. Rien n'étoit mieux imaginé. Mais la fortune vous a bien ſecondée, par la paſſion effrénée que madame a priſe pour cette maiſon : & ſi vous pouvez conclure votre affaire avant que ſa fantaiſie ſoit paſſée, tout ira bien.

AGLAÉ.

Je crois que je n'en ai rien à craindre. Ma mere a pris tant de goût pour moi, qu'elle voudra me rendre heureuſe.

Non-ſeulement je lui plais, mais Valere l'a charmée.

JUSTINE.

Ne vous y fiez pas. Terminez le plutôt qu'il ſera poſſible. Madame s'enflamme aiſément ; mais cet embrâſement s'éteint de même. J'en ai l'expérience. Je lui ai plû d'abord, autant que je lui déplais à préſent ; & je vois qu'elle va ſe défaire de moi. Je m'en conſole, quoique ſa condition ſoit bonne : car dès qu'elle a fait faire une robe, elle ne veut plus la mettre, & j'en profite. Mais elle a encore plus de caprices que de robes ; & l'on n'y peut pas tenir.

AGLAÉ.

Ah ! Juſtine, que vous m'allarmez ! Il faut engager Dorante à preſſer ma mere de finir. Mais le voici.

SCENE VIII.

AGLAÉ, JUSTINE, DORANTE, VALERE.

DORANTE.

BELLE Aglaé, je vous ai mieux ſervie que je ne l'eſpérois ; je touche au moment d'aſſurer votre bonheur, & celui de mon ami : ne ſuis-je pas moi-même trop heureux ?

AGLAÉ.

Hélas ! monſieur, ce qui n'eſt pas fait eſt toujours incertain.

DORANTE.

Le plus fort eſt terminé : voilà madame votre mere en poſſeſſion de cette maiſon, l'objet de ſes déſirs ; on vient d'en dreſſer l'acte, aux conditions qu'elle a faites elle-même. Valere ni ſon pere ne ſe rendront pas plus difficiles ſur les conventions de votre mariage.

AGLAÉ.

Que Valere eſt heureux d'avoir un ami tel que vous! Du partage de ſes biens, voilà celui, Dorante, ſur lequel je prétens ne rien relâcher de mes droits.

VALERE.

Quel droit n'auriez-vous pas ſur moi, ſi cette amitié que vous réclamez n'y mettoit des bornes? J'oublie que je ſuis venu pour vous avertir qu'on va ſe mettre à table.

Fin du premier Acte.

ACTE II.

SCENE PREMIERE.

AGLAÉ *seule*.

LES voilà donc qui vont ſigner le marché de cette maiſon : mais finiront-ils en même-temps ce qui me regarde ?

SCENE II.

AGLAÉ, JUSTINE.

AGLAÉ.

NE ſçais-tu rien, Juſtine ?

JUSTINE.

Je ſçais que l'argent qu'il falloit eſt trouvé; mais c'eſt à des conditions dures.

Monſieur Triffin a déclaré qu'il ne pouvoit rien faire, s'il n'avoit ſes pierreries à mettre en gage pour quelques jours. Le contrat étoit fait, la ſomme promiſe, le déſir ardent : il n'y a pas eu moyen de reculer. Madame eſt venue toute effarée me demander ſa caſſette. Elle avoit les larmes aux yeux, jettoit de profonds ſoupirs : je ne l'ai jamais vue ſi touchée. Ledit monſieur Triffin a transformé en un clin d'œil les diamans en or & en bons billets ; le tout a été livré & acheté, & la maiſon cédée.

AGLAÉ.

Et ce qui m'intereſſe, Juſtine, n'en dit-on rien ?

JUSTINE.

Je n'en ſçais que juſques-là. Ceci étoit le préliminaire ; il a fallu le finir, avant que de penſer à autre choſe.

SCENE III.

ORPHISE, AGLAÉ, JUSTINE.

ORPHISE.

DITES-MOI, Juſtine, ce que vous faites-là, au lieu de ſonger à ce que je vous ai ordonné ?

JUSTINE.

Madame, j'ai fait tout ce que vous m'avez dit.

ORPHISE.

Oui : mais, c'étoit tout ce que je ne vous ai pas dit, qu'il falloit faire.

JUSTINE.

Comment le deviner ?

ORPHISE.

Comment? Comme cela ſe fait quand on ſçait ſervir. Il n'eſt pas merveilleux qu'on obéïſſe à ſes maîtres ; les animaux en font autant. On ne montre de l'intelligence, qu'en prévenant leurs désirs.

JUSTINE.

Mais, madame, la crainte d'outrepasser vos ordres. . . .

ORPHISE.

Outrepasser ! . . . Qu'est-ce que cela veut dire? Outrepasser ! . . Elle est d'une impertinence insoutenable. Vous le voyez, ma fille; c'est une créature qui me fait mourir. Je ne suis plus servie.

AGLAÉ.

Il me semble pourtant qu'elle a bien du zèle.

ORPHISE.

A mal faire.

JUSTINE.

Madame étoit contente de moi, les premiers jours que j'eus l'honneur d'être à elle : j'en sçavois moins qu'aujourd'hui, & je n'avois pas plus d'envie de la contenter.

ORPHISE.

Oui ; mais vous vous y preniez de meilleure grace. C'eſt à préſent une mauſſaderie, une maladreſſe qui n'a pas d'exemple. Elle me coëffe à faire horreur. Quelque détachée qu'on ſoit de ſa figure, on ne veut pas faire peur. Il n'y a qu'à voir, je ſuis toute échévelée.

JUSTINE.

Madame vient de ſe promener au vent.

ORPHISE.

Retirez-vous, je n'aime pas les inſolences. Vous l'entendez : cela ſe peut-il ſoutenir ? C'eſt un grand malheur d'avoir des valets.

AGLAÉ.

J'en connois un plus grand, madame : c'eſt de n'en avoir pas.

ORPHISE.

Je vous entends ; mais vous allez avoir tout ce que vous voudrez. D'ailleurs il eſt temps que vous ſoyez ſervie.

AGLAÉ.

J'ai amené de mon couvent une fille aimable & de mérite, qui cherche condition ; elle m'a priée de la conduire juſqu'ici, d'où elle iroit aiſément dans un lieu où elle trouveroit de la protection pour ſe placer. J'ai cru, madame, que vous ne déſapprouveriez pas que je lui rendiſſe ce léger ſervice. Mais ſi vous permettez que j'aie quelqu'un à moi, je vous demande par préférence cette perſonne, que je connois, que j'eſtime, & que j'aime.

ORPHISE.

Ah ! volontiers. Mais je voudrois la voir ; & ſi elle me plaît, vous prendriez Juſtine que je ne puis plus ſupporter. Où eſt-elle ? faites-la moi venir.

JUSTINE.

Elle eſt dans l'entre-ſol, ſur votre cabinet, dont elle n'eſt pas ſortie. Je vais la chercher. (*Elle ſort.*)

ORPHISE.

Et lui dire cent ſottiſes ... (*à Aglaé*) Je vois qu'on ne peut être bien ſervie qu'en changeant de gens tous les jours. Cela eſt fort déſagréable.

SCENE IV.

ORPHISE, AGLAÉ, SOPHIE.

ORPHISE.

AH ! la jolie créature !

SOPHIE.

On m'a dit que madame cherche quelqu'un pour la ſervir.

ORPHISE.

Il eſt vrai ; & je ſerois fort aiſe que vous puſſiez me convenir.

SOPHIE.

Dans la néceſſité qui me force à chercher une condition, je n'aurois oſé eſpérer un auſſi grand bonheur, madame, que celui d'être auprès de vous.

ORPHISE.

Vous avez ſervi ſans doute ?

SOPHIE.

Hélas ! non, madame.

ORPHISE.

Mais c'eſt peut-être tant mieux. Elles prennent un mauvais pli dans les maiſons qui ne ſont pas d'un certain air ; & l'on a toutes les peines du monde à leur ôter. Vous avez du moins appris à coëffer ?

SOPHIE.

Non, madame.

ORPHISE.

Je n'en ſuis pas fâchée ; les coëffeuſes ont des méthodes générales, avec leſquelles elles n'attrappent jamais l'air du visage : une main adroite, un goût naturel parviennent cent fois mieux aux finesses de cet art ... C'est vous qui vous êtes coëffée ?

SOPHIE.

Oui, madame.

ORPHISE.

Oh ! c'est du meilleur goût du monde, & avec une entente très-fine. Au surplus, quels sont vos talens ?

SOPHIE.

Madame, je brode passablement bien ; d'ailleurs je sçais très-peu de choses. Mais l'extrême désir de bien faire m'instruira.

ORPHISE.

Vous sçavez tout ; vous sçavez plaire. Ma belle, vous êtes à moi, j'aurai soin de vous rendre heureuse.

SOPHIE.

Ah, madame ! il ne me faut rien de plus. (*elle s'éloigne.*)

ORPHISE.

Que vous avez bien fait, ma fille, de l'amener ici ! Je n'ai jamais rien vu de plus aimable : elle a l'air noble, & parle tout autrement que les gens de sa sorte. Quel dommage qu'elle ne soit pas d'une plus haute condition ! il n'y a rien qu'on n'en pût faire. N'est-il pas vrai, ma fille ?

AGLAÉ.

Quand vous la connoîtrez, vous verrez que son mérite est bien au-dessus de ses agrémens. Voilà mon frere.

SCENE V.

DAMIS, ORPHISE, AGLAÉ, SOPHIE.

DAMIS.

AH, ah ! c'eſt ma ſœur !

ORPHISE.

Eh quoi, mon fils ! vous avez l'air bien étonné.

DAMIS.

Il eſt vrai, madame ; j'ai cru ma ſœur dans un couvent,& je la vois ici.

ORPHISE.

Vous apprendrez des choſes plus ſurprenantes : au lieu de l'aller trouver, je l'ai fait venir chez moi.

DAMIS.

Chez vous, madame ? c'eſt-à-dire, où vous êtes.

ORPHISE.

Non ; chez moi. Quand j'arrivai hier ici, c'étoit la maiſon d'Eraſte ; aujourd'hui c'eſt la mienne. Le goût que j'ai pour les choſes parfaites, me permettoit-il de manquer celle-là ?

DAMIS.

Je conviens de ſes charmes ; mais ce qui me ſurprend, c'eſt que cela ait été fait en auſſi peu de temps.

ORPHISE.

Je veux ſi fort ce que je veux, que rien ne me réſiſte. Enfin cette maiſon va faire le bonheur de ma vie, je m'y établis pour toujours : je marierai ma fille & vous auſſi, mon fils; cela fera de la compagnie. Nous ſerons tous enſemble; c'eſt un projet charmant. Et comme je ſuis en train de faire d'agréables acquiſitions, voilà une jolie fille que je viens de prendre pour me ſervir.

DAMIS.

Pour vous ſervir ? Mais eſt-elle propre à cela ?

ORPHISE.

Ah ! j'en ſerai contente.

DAMIS.

Cela ſe peut.

ORPHISE.

Vous ne la regardez ſeulement pas !

DAMIS.

Pourvu qu'elle vous plaiſe, madame, elle n'a pas beſoin d'autres ſuffrages.

ORPHISE.

Monſieur eſt aride de louanges.

SCENE VI.

ORPHISE, AGLAÉ, DAMIS, DORANTE, SOPHIE.

DORANTE.

SÇAVEZ-VOUS, madame, qu'il y a encore plusieurs choses à faire, qui demandent votre présence? la séparation des meubles compris dans votre marché, l'inventaire à vous remettre.

ORPHISE.

Triffin n'y est-il pas?

DORANTE.

De bonne foi, madame, voulez-vous vous rapporter à lui de tout?

ORPHISE.

Eh bien, mon fils, voyez cela.

DORANTE.

Ah, monsieur! vous arrivez fort à

propos : les choſes en iront mieux, ſi vous vous en mêlez.

DAMIS.

Volontiers. Je vais voir Eraſte, & nous finirons enſemble ce qui reſte à regler.

ORPHISE.

Mais vraiement, ma fille, il faut auſſi que vous alliez faire remettre à Sophie tout ce qui eſt entre les mains de Juſtine.

SCENE VII.

ORPHISE, DORANTE.

DORANTE.

Vous ne ſçavez pas, madame, un des grands agrémens de l'acquiſition que vous venez de faire. Vous avez à deux pas de chez vous la maiſon de cette femme que vous aimez tant, avec qui vous désiriez si passionnément de vivre.

ORPHISE.

Eh ! qui donc ?

DORANTE.

Quoi ! vous ne vous souvenez pas que vous passâtes tout un jour, il n'y a pas longtemps, à m'entretenir d'une personne charmante, de ses graces nobles, de son esprit fin, de la justesse de son goût?

ORPHISE.

Je ne sçais pas qui vous voulez dire.

DORANTE.

La voilà donc oubliée, cette Cidalie ?

ORPHISE.

Eh, qui l'auroit devinée au portrait que vous en faites ? C'est la plus maussade & la plus sotte espece que j'aie jamais vue.

DORANTE.

Mais ce portrait, madame, c'eſt vous qui me l'avez fait.

ORPHISE.

J'avoue que je l'avois vue dans un faux jour quand je vous en parlai. Nous nous étions rencontrées la veille à un ſouper où elle ne dit pas un mot : la compagnie étoit déteſtable, les propos ramaſſés dans les rues. Je ſuffoquois d'ennui, de dégoût, d'indignation. Le ſilence de cette femme me ſembla un accord de ſes ſentimens aux miens ; je crus voir dans ſes yeux perfides des réponſes à tout ce que je penſois ; & je lui ſçus gré de penſer ſi bien.

DORANTE.

Et comment lui avez-vous ôté ce que vous lui aviez accordé ſi libéralement ?

ORPHISE.

Oh ! je l'ai vue depuis : elle s'eſt dévelopée avec une bavarderie intarissable: en un mot, c'est la plus platte & la plus pitoyable caillette qu'on puisse voir. Je vais donner de bons ordres, pour qu'elle n'aborde pas dans ma maison; il la faudroit déserter.

DORANTE.

C'est bien fait. Mais raisonnons un peu sur des choses plus serieuses: Voilà l'affaire qui vous tenoit tant au cœur heureusement terminée; il nous reste l'autre à regler, qui n'est pas moins interessante.

ORPHISE.

Quelle autre?

DORANTE.

Eh! le mariage de votre fille.

ORPHISE.

Celle-là n'est pas si pressée.

DORANTE.

Comment donc? N'êtes-vous pas convenue de les finir toutes deux en même temps?

ORPHISE.

Vous me faisiez des reproches ce matin de marier ma fille à quelqu'un que je ne connois pas. Je crois en effet qu'il faut se donner le loisir d'examiner les convenances de cette affaire.

DORANTE.

Mais, madame, Eraste & Valere croiront que vous n'avez songé qu'à les surprendre, & les déposséder d'une maison dont ni l'un, ni l'autre ne vouloient se défaire.

ORPHISE.

Je l'ai bien payée; qu'auront-ils à dire?

DORANTE.

Ils diront que vous les avez trompés; que vous leur manquez de parole; & que moi, leur intime ami, je me suis employé à les faire tomber dans le piége que vous leur avez tendu.

ORPHISE.

Ils diront ce qu'ils voudront. La maison eſt à moi par un bon contrat ; ils ne peuvent me l'ôter.

DORANTE.

En vérité, madame...

ORPHISE.

En vérité, monſieur, votre Valere eſt un fat, qui n'épouſera pas ma fille. Vous pouvez lui dire. J'ai bien examiné cela pendant le dîner. Il n'a été occupé que d'elle, il ne ſembloit pas que je fuſſe à table. Croyez-vous que je me divertirois beaucoup à être la triſte ſpectatrice de leurs fades amours ? Quand on renonce pour ſoi-même à la galanterie, aux paſſions, le ſpectacle en eſt odieux. Je veux marier ma fille à un homme fait, incapable de s'amouracher ridiculement d'un enfant. Il m'eſt venu ſur cela même une idée qui me plaît extrèmement. Je vous ai déja dit que je veux que nous vivions enſemble. Il faut que vous épouſiez ma fille. C'eſt un moyen de vous fixer auprès de moi, tout à fait bien-ſéant?

DORANTE.

C'eſt donc pour me faire ajouter la trahiſon envers mes amis, à la ſuperchérie dont ils vont me ſoupçonner?

ORPHISE.

Ah! oui, je ſçais que vous avez de la morale: de plus, vous êtes un philoſophe qui ne voulez pas vous marier. Mais ma fille eſt jolie, & j'ai ſouvent vu la beauté faire échouer la philoſophie. Faites-y vos réflexions, je vous laiſſe. Il faut que je parle à Triffin, que je ſoupçonne de m'avoir étrangement dupé dans l'affaire que je viens de conclure.

SCENE VIII.

DORANTE *seul.*

Les charmes de sa fille ne m'ont que trop touché; mais l'honneur & l'amitié me défendent d'y penser. Songeons plutôt à tirer de peine ces malheureux amans. Voici le plus à plaindre.

SCENE IX.

VALERE, DORANTE.

VALERE.

Mon cher Dorante, vous venez d'avoir un entretien, où vous aurez arrangé tout ce qui nous regarde.

DORANTE.

Ah, Valere! comment vous annoncer le malheur qui vous menace ?

VALERE.

Quoi donc ? que peut-il être arrivé ?

DORANTE.

Vous avez déplu.

VALERE.

Seroit-ce à Aglaé ?

DORANTE.

Non ; mais à sa mere, c'est bien pis.

VALERE.

Doute-t'elle que je ne sois passionné de sa fille ?

DORANTE.

Vous ne l'en avez que trop convaincue.

VALERE.

Et cela lui déplaît ?

DORANTE.

Oui. Vous êtes étonné, mon cher Valere ! Vous ne connoissez pas encore les femmes : tout sentiment, dont elles ne ſont pas l'objet, les offenſe. Orphiſe voudroit que ce fût pour vivre avec elle qu'on épousât ſa fille : C'eſt trop vouloir. Peut-être auſſi n'avez-vous pas aſſez ménagé ſa délicate vanité.

VALERE.

Ah! ſans doute, il y aura moyen de réparer ma faute. Je ne puis croire qu'Orphiſe mépriſe aſſez ſes engagemens, pour rompre avec nous.

DORANTE.

Vous ne ſçauriez trop-tôt lui parler. Et en vous plaignant amèrement d'un changement ſi imprévu, fondez principalement vos regrets ſur le bonheur que vous vous promettiez de vivre avec elle. La voilà heureuſement qui revient.

SCENE X.

ORPHISE, DORANTE, VALERE.

ORPHISE.

JE n'ai rien fait de ce que je voulois faire. Je vois qu'il est temps de commencer mes exercices champêtres : Voulez-vous, monsieur, venir avec moi ?

DORANTE.

De grace, écoutez-nous un moment, madame. Vous m'avez chargé d'une commission qui jette mon ami dans le dernier étonnement. Il ne veut pas m'en croire.

VALERE.

Non, madame ; j'ose dire que je ne vous en croirois pas vous-même.

ORPHISE.

Il vous paroît incroyable qu'on change de volonté? rien pourtant n'eſt plus ordinaire.

VALERE.

Quoi, madame! il ſeroit vrai, qu'au mépris de votre parole, après m'avoir flatté de l'eſpérance de vivre avec vous, vous voudriez me rendre l'homme du monde le plus malheureux?

ORPHISE.

Pourquoi ſi malheureux de ne pas é-pouſer ma fille? Sa figure aſſez gentille vous a porté à la tête : un doux ſommeil diſſipera cette vapeur.

VALERE.

Ah, madame! vous riez de ma peine; vous ne la ſentez pas. Où retrouverai-je tout ce que cette alliance me faiſoit enviſager?

ORPHISE.

Si vous m'y comptez pour quelque choſe, fixée dans cette maiſon voiſine de de vos terres, vous pourrez y venir partager ma solitude, & y séjourner tant qu'il vous plaira. On voit ses voisins, sans que personne y trouve à redire. Ma fille est une marmotte, qui a plus besoin d'un gouverneur que d'un mari : vous êtes trop jeune pour cet emploi. Et si enfin vous vouliez une femme, aisément vous trouveriez mieux. Qu'est-ce que j'entends ?

DORANTE.

C'est un porte-balle que je vois dans la cour.

ORPHISE.

Ah, Dorante! dites, je vous prie, qu'on le fasse entrer. J'ai besoin de cent choses. Cela va bien nous divertir.

SCENE XI.

ORPHISE, DORANTE, VALERE.

LE PORTE-BALLE.

VOUS allez voir du beau & du très-beau, du rare & du très-rare. Voyez cette boëte.

ORPHISE.

Eh, fi! elle est exécrable.

LE PORTE-BALLE.

Exécrable ! elle me coûte des trésors ; je parie que vous n'en avez pas de si belles.

ORPHISE.

Gardez ce beau bijou.

LE PORTE-BALLE.

Oui, oui, je sçaurai bien qu'en faire. Ah! voilà un étui ; vous n'en avez jamais vu comme celui-là.

ORPHISE.

Non vraiement, & je ſerois bien fâchée d'en avoir de pareils ; il eſt horrible.

LE PORTE-BALLE.

Madame la comteſſe, ou marquiſe, vous êtes bien dénigrante !

ORPHISE.

Si vous n'avez que des horreurs, ce n'eſt pas la peine de les regarder. Mais qu'eſt-ce que je vois là ?

LE PORTE-BALLE.

Ah, ah ! c'eſt le plus beau morceau de la Chine qui en ſoit encore venu. Je ne ſuis pas preſſé de le vendre ; le roi le prendra.

ORPHISE.

Voyons, voyons. Ceci mérite attention. Ah ! de fait, cela eſt beau. Voyez, Valere.

VALERE.

Rien de plus admirable.

ORPHISE.

Qu'en dites-vous, Dorante ?

DORANTE.

Rien de plus inutile.

ORPHISE.

Il eſt bien queſtion d'utilité à ces choſes-là ! Et ne me ſera-t'il pas néceſſaire quand j'aurai mes pierreries. C'eſt bien dans ce moment-ci qu'il me les faudroit, pour les arranger dans ce joli écrin. Le lac eſt du plus ancien, il eſt parfait ; perſonne ne s'y connoît comme moi, & je ſçais que ce n'eſt pas-là un morceau à laiſſer échapper.

DORANTE.

Vous vous y prenez bien, pour l'avoir à bon marché !

ORPHISE.

Bon marché, ou non, il faut que je

l'aie. Quand on a vu cela, on ne s'en paſſe point. Je me paſſerois plutôt de boire & de manger. Oh çà, monſieur, dites-moi au juſte le prix : & que votre premier mot ſoit le dernier ; car je n'aime pas à marchander.

LE PORTE-BALLE.

Dix-huit cent francs, à prendre ou laiſſer.

ORPHISE.

Combien cela fait-il, dix-huit cent francs ?

DORANTE.

Soixante & quinze louis.

ORPHISE.

Cela eſt violent.

LE PORTE-BALLE.

Soixante & quinze louis n'eſt pas une choſe rare.

ORPHISE.

Oh ! je ne ſçaurois les donner.

LE PORTE-BALLE.

Ne les donnez pas, vous vous en repentirez. On trouve de l'or par-tout, & l'on ne trouve nulle part un ſi beau bijou.

ORPHISE.

Il a raiſon. Mais où les prendre? Monſieur Triffin, qui vient de donner vingt mille écus, va ſe gendarmer. N'importe : j'ai d'ailleurs à lui parler, il faut ſçavoir s'il eſt enfin revenu . . . . . Quelqu'un eſt-il là? (*Duval entre.*) . . . Duval, demandez Triffin, & qu'on me le faſſe venir tout-à-l'heure.

VALERE.

En attendant qu'il arrive, s'il ne vous faut que ſoixante & quinze louis, je crois les avoir ſur moi.

ORPHISE.

Si vous voulez me les prêter, vous me comblerez de joie : cela me donnera le loisir de dire à Triffin qu'il est un fripon. Voilà (*au porte-balle*) votre argent ; donnez-moi mon petit coffre.

LE PORTE-BALLE.

J'ai aussi des livres d'un bon débit. Si vous en voulez ?

ORPHISE.

Ah ! voyons ; rien ne va mieux à la campagne.

DORANTE.

Sçavez-vous lire ?

ORPHISE.

Je n'ai jamais lu : Mais en a-t'on le temps ? Je m'imagine que c'est un plaisir toujours nouveau.

LE PORTE-BALLE.

Voici des livres d'histoire.

ORPHISE.

D'histoire ? Oh ! cela est bien long ; on n'en voit jamais la fin.

LE PORTE-BALLE.

En voulez-vous de morale ?

ORPHISE.

Non, non, monsieur : tous ces gens à morale sont ennuyeux à mourir. Je serois bien fâchée de leur ressembler.

LE PORTE-BALLE.

Voilà des comédies.

ORPHISE.

On les voit jouer ; cela ne se lit pas.

LE PORTE-BALLE.

Voici des livres de science.

ORPHISE.

Apprennent-ils à gagner au jeu ?

DORANTE.

Ceux d'antimorale pourroient enseigner les moyens d'y prendre ses avantages ; mais je ne les crois pas imprimés.

ORPHISE.

Il n'y a rien de ce qu'il me faut.

LE PORTE-BALLE.

J'ai de beaux romans : cela eſt plus à l'uſage des dames.

ORPHISE.

Des ſentimens, des délicateſſes, des vieilles conſtances radoteuſes ; ah ! fi ! je n'en veux point.

LE PORTE-BALLE.

Eh bien, voilà des contes des Fées.

ORPHISE.

Ils n'ont pas le ſens commun : j'aime aſſez cela. Donnez ce que vous en avez, je les prendrai. Mais n'auriez vous pas auſſi des pantins ?

LE PORTE-BALLE.

Il ne m'en reſte pas pour le préſent. J'en ai beaucoup vendu, & bien des marchands s'y ſont enrichis.

DORANTE.

A l'honneur de notre ſiécle.

LE PORTE-BALLE.

Ils baiſſent, & je ne m'en charge plus ſans être aſſuré du débit : c'eſt une marchandiſe qui peut perdre avec le temps.

DORANTE.

Elle a peu de valeur intrinſeque.

ORPHISE.

Oh ! pour moi, cela ne me fait rien ; je les aimerai toujours.

DORANTE.

Vous ne pouvez faire un plus bel eſſai de conſtance.

ORPHISE.

Ne diroit-on pas que la plupart des choſes qu'on s'obſtine à aimer, valent mieux que des pantins ? Oui, monſieur, j'en ſuis folle ; je veux en tapiſſer un cabinet : cela fera des eſpeces de tableaux mouvans ; rien au monde ne ſera ſi amuſant. Fort peu de compagnies vaudront celle-là.

LE PORTE-BALLE.

Oh bien! madame, je vous en apporterai de quoi meubler une maison.

ORPHISE.

Et tout au plutôt; n'y manquez pas.

SCENE XII.

ORPHISE, DORANTE, VALERE, DUVAL.

DUVAL.

CLEANDRE envoie dire à madame qu'il a appris, en relayant pour aller chez lui, qu'elle est ici. Il demande s'il pourroit avoir l'honneur, chemin faisant, de lui faire sa cour?

ORPHISE.

Qu'il s'en garde bien. Faites-lui dire que je suis accablée d'affaires, qui ne me laissent pas un moment pour recevoir ſa viſite. Allez vîte ; qu'il ne vienne pas.

(*Duval ſort.*)

DORANTE.

Je ſuis ſurpris que vous refuſiez de voir un homme ſi agréable, dont vous étiez enchantée il n'y a pas longtemps, & qui en effet a beaucoup d'eſprit.

ORPHISE.

Oui, pour un quart d'heure ; à la longue il eſt ennuyeux. Il diſſerte, il raiſonne, veut prouver.

VALERE.

Perſonne ne parle ſi bien.

ORPHISE.

J'en conviens : mais il eſt attentif à ce qu'il dit. Et quand on s'écoute, les autres ne nous écoutent plus. La derniere fois que je le vis, il m'excéda, me donna des vapeurs ; il eſt inſoutenable. J'aime cent fois mieux ſon frere qui eſt tout-à-fait ſot, mais le meilleur enfant du monde ; ſans art, ſans prétention : S'il vous ennuie, c'eſt ſans avoir deſſein de vous divertir.

SCENE XIII.

ORPHISE, DORANTE, VALERE, DUVAL.

DUVAL.

MONSIEUR Triffin eſt dans votre antichambre, qui attend vos ordres, madame.

ORPHISE.

Qu'il entre. Allez, monſieur, m'attendre ſur la terraſſe ; j'irai bientôt vous retrouver.

SCENE XIV.

ORPHISE, M. TRIFFIN.

ORPHISE.

OU étiez-vous donc, monſieur Triffin?

TRIFFIN.

Où j'avois à faire.

ORPHISE (*lui montrant l'écrin.*)

Voyez-vous ceci?

TRIFFIN.

Oui. A quoi cela eſt-il bon?

ORPHISE.

A mettre des pierreries.

TRIFFIN.

Vous n'en avez pas grandement affaire pour le moment préſent.

ORPHISE.

Oh! j'en ai affaire; car je veux garnir

mon écrin. Il me faut mes pierreries, & tout-à-l'heure. Vous me les avez arrachées d'adresse; vous les rendrez de force. Là, mes girandoles; ici, ma croix : & mon nœud, où le mettrai-je ? fort bien là; voici pour le collier. Allons, monsieur Triffin; vous voyez bien qu'il me faut tout cela.

TRIFFIN.

Je vois aussi que, pour retirer les gages, il faut de l'argent. Donnez-vous un peu de patience : j'attends un remboursement, comme je vous l'ai dit, que vous aurez incessamment.

ORPHISE.

A moi de la patience ! Eh ! vous n'y pensez pas. Quelle trahison de m'avoir enlevé mes pierreries, & de ne me les pas rendre dans le moment où j'en ai le plus besoin ! Vous les avez, monsieur Triffin; & c'est peut-être mon argent que vous m'avez prêté à interêt : ceci m'irrite & m'éclaire ſur vos manigances. Je ne ſuis pas plus ſévère que de raiſon ; mais il y a des tours qu'on ne pardonne pas. Celui-ci me fera rechercher les autres, & vous vous en trouverez mal.

TRIFFIN.

Quand vous vous donneriez le régal de me faire pendre, votre écrin n'en ſera pas plutôt garni.

ORPHISE.

Eh bien, voyez donc ce qu'il y auroit à faire. Ne pourroit-on pas changer ce gage en d'autres ? ſe défaire de ce qui eſt moins néceſſaire ? Vendez mes chemiſes, mes draps, toutes les choſes dont je puis me paſſer.

TRIFFIN.

Toutes ces inutilités-là ne feront pas votre ſomme. Mais fiez-vous à moi : je remettrai vos parures, plutôt que vous ne croyez

croyez, entre les mains de mademoiselle Sophie; car c'est elle, à ce que j'ai oui dire, qui aura la garde de tout. Ah! que c'est une belle fille, & qui vous servira bien!

ORPHISE.

Elle vous plaît donc, monsieur Triffin? Eh bien, rendez-moi mes pierreries, & je vous la ferai épouser. J'aurai le plaisir en même temps de faire sa fortune, & j'en serai ravie. Comment donc! il est bien tard, pour toutes les promenades que j'ai à faire. (*Damis paroît.*) Ah! mon fils, vous venez tout-à-propos pour me donner la main. Vous me rendrez compte, chemin faisant, de ce que vous avez fait.

Fin du second Acte.

ACTE III.

SCENE PREMIERE.

M. TRIFFIN *seul.*

CETTE Sophie me plaît grandement. Mais pourtant elle n'a rien ; n'importe. Je veux la faire jaſer ; & ſi ſon babil eſt auſſi gentil que ſon minois, j'en pourrois bien faire la folie .... La voilà qui paſſe ; je vais l'arrêter.

SCENE II.

SOPHIE, M. TRIFFIN.

TRIFFIN.

N'ALLEZ donc pas ſi vîte, mademoiſelle Sophie : j'ai quelque choſe à vous dire.

SOPHIE.

Et moi, monsieur Triffin, je n'ai rien à entendre.

TRIFFIN.

Oh! si vous sçaviez ce que c'est, vous vous donneriez la peine d'écouter.

SOPHIE.

Non. Si je le sçavois, je n'aurois pas besoin de l'apprendre.

TRIFFIN.

C'est une nouvelle qui vous interesse.

SOPHIE.

Je ne suis pas curieuse.

TRIFFIN.

Eh bien, vous la sçaurez pourtant; c'est qu'on vous marie.

SOPHIE.

Je ne le crois pas.

TRIFFIN.

Et pourquoi ne le pas croire?

SOPHIE.

Parce qu'on ne peut me marier ſans moi, & que je ne me marie point.

TRIFFIN.

Si vous ſçaviez à qui . . . Mais vous ne le demandez ſeulement pas !

SOPHIE.

Peu m'importe.

TRIFFIN.

C'eſt un homme riche, & dans un poſte honorable & lucratif.

SOPHIE.

Qui que ce ſoit, je ne l'épouſerai pas.

TRIFFIN.

C'eſt un grand avantage d'avoir du bien, & d'en acquérir tous les jours.

SOPHIE.

C'en eſt encore un plus grand de ne s'en pas ſoucier.

TRIFFIN.

Et de quoi vous ſouciez-vous donc ?

SOPHIE.

D'être à l'abri des importuns.

TRIFFIN.

Oh! mademoiselle Sophie, vous êtes trop dédaigneuse. C'est moi qui étois assez fou pour vouloir faire votre fortune, aux dépens de la mienne; (car vous n'avez rien à apporter en mariage). Vous auriez vu ce que c'est que d'être à son aise, surtout quand on est en condition. On n'obéït qu'à son gré; on a le plaisir de ne se point embarrasser de son maître : & si avec cela on sçait se rendre nécessaire, on le fait plier à toute heure, par la crainte qu'il a de vous perdre. Et il se trouve qu'on devient maître soi-même de celui qui croit vous commander. Cela est assez plaisant.

SOPHIE.

Je renonce au plaisir, comme à la gloire de ce regne usurpé. Mon ambition ſe borne à plaire à ma maîtreſſe.

TRIFFIN.

Eh bien! ſi vous ne voulez qu'être eſclave, je vous apprendrai à ſervir.

SOPHIE.

Monſieur Triffin, je vous crois fort adroit, mais non pas pour coëffer.

TRIFFIN.

C'eſt tout autre choſe que je veux vous apprendre : ce ſont les moyens de gagner les bonnes graces de vos maîtreſſes.

SOPHIE.

Eh bien! que faut-il faire?

TRIFFIN.

Leur dire toujours oui ; jamais ne les contrarier ; répondre aux queſtions qu'elles vous font, non ce qui eſt, mais ce qu'elles ſouhaitent ; les louer à propos : ce n'eſt pas quand elles font bien, alors elles n'ont nul beſoin de nos louanges, & les mépriſent ; mais elles s'en aident volontiers, quand l'applaudiſſement public leur manque. Cet art eſt d'un grand uſage ; & vous aurez ſouvent occaſion de l'employer. Notre maîtreſſe fait cent choſes par jour qui ne peuvent trouver que des approbateurs à gages.

SOPHIE.

Je ſçaurai la ſervir, la reſpecter, & peut-être lui plaire ; ſans la tromper. Gardez vos ſecrets, monſieur Triffin ; ils ne me ſont pas propres.

TRIFFIN.

Par où donc vous tenter ?

SOPHIE.

Vous n'y réuſſirez pas.

TRIFFIN.

Qu'elle feroit belle, ſi elle étoit moins fiere ! Mais, qu'ai-je à faire de ſa beauté, qui tôt ou tard ſe fanera ? Ne ferai-je pas mieux de choiſir une fille de bonne famille, douce & honnête, avec de l'argent qui ne s'usera pas, que de prendre une suivante qui ne m'apportera pour dot que des hauteurs d'une impératrice, d'une reine? Oh! je m'en dépars.

SOPHIE.

Et vous faites bien. Je ne suis point du tout votre fait; croyez-moi, & me laissez en repos.

TRIFFIN.

Adieu, mademoiselle Sophie: croyez aussi que vous serez mal payée de vos gages.

SOPHIE.

Soit.

SCENE III.

AGLAÉ, SOPHIE.

AGLAÉ.

Ah, ma chere Sophie ! Sçavez-vous tous mes malheurs ?

SOPHIE.

Justine m'a raconté toutes les révolutions arrivées dans cette journée : Et ce qui m'a surpris, c'est qu'elle m'a fait ce récit, comme si elle ne disoit rien, tant elle est accoutumée aux changemens subits du climat qu'elle habite.

AGLAÉ.

Ma douleur surpasse encore mon étonnement. Figurez-vous, Sophie, vous qui sçavez depuis longtemps le secret de mon cœur, quelles agitations il vient d'éprouver ? Ma mere me mande inopinément, de la venir trouver. J'arrive; & je me vois chez Valere : j'apprens que je vais l'épouser. Et comme si c'étoit un songe, deux heures après tout est effacé ; & il ne me reste de cette espérance, que le trouble affreux qu'elle a jetté dans mon ame. Vous êtes sensible, Sophie, & vous pouvez comprendre l'effet d'un tel événement. Hélas! Vous auriez bien des choses aussi à me dire, dans la circonstance où vous vous trouvez : mais je suis si occupée de moi, que je ne puis même vous parler de vous.

SOPHIE.

Valere vous a-t'il vu? Sçait-il son malheur?

AGLAÉ.

Je ne doute pas qu'il ne le sçache. Nous nous sommes rencontrés à la pêche, mais sous les yeux de ma mere qui nous obſervoit : nous n'avons pu nous parler. Elle eſt allée voir les vendanges, il l'a ſuivie triſtement ; & je me ſuis retirée, ne pouvant plus ſoutenir la violence que je me faiſois.

SOPHIE.

Croyez-vous qu'il ait pénétré la cauſe de ce bruſque changement ?

AGLAÉ.

Je crois qu'il l'ignore auſſibien que moi. Cependant je ſuis ſurpriſe qu'il n'ait pas tenté à cette promenade de me dire quelque mot. Il a même affecté de ne me pas regarder. D'où vient cette froideur de ſa part, dans une conjoncture ſi intereſſante ? Je n'y comprens rien. Mais je voudrois voir ce Valere : Voilà le ſeul moment où je pourrois lui parler. Ne reviendra-t'il point de cette promenade ? Ah ! le voici, & ſon pere avec lui.

SCENE IV.

AGLAÉ, SOPHIE, ERASTE, VALERE.

ERASTE *au fond du théâtre avec Valere.*

JE ne la verrai point, je ſuis trop outré contr'elle. Je veux ſeulement marquer mes regrets à ſon aimable fille, qui n'a nulle part à ces indignes procédés. Mademoiſelle, vous voyez un homme au déſeſpoir de vous perdre, & d'eſſuyer un affront, dont il ne peut ſe venger que ſur une femme qu'il reſpecte encore, par l'honneur qu'elle a de vous avoir donné le jour. Si cette conſidération ne mettoit des bornes à mon reſſentiment, il n'y a rien à quoi il ne pût me porter.

AGLAÉ.

Ne doutez pas, monſieur, que je ne ſente amèrement le ſujet de vos plaintes. Le ſoulagement d'y joindre les miennes m'eſt interdit ; je puis ſeulement vous montrer combien je ſuis touchée des égards que vous me marquez.

VALERE.

Ah, mon pere ! ſi au lieu d'éclater contre une ſi bizarre aventure, nous cherchions à ramener l'eſprit d'Orphiſe, qui fait tant de chemin en un jour ; qui ſçait ſi dans ſa rapide courſe il ne reviendroit point ſur ſes pas ?

ERASTE.

Non, non : ne croyez pas qu'elle ait changé de ſentiment. Elle n'a voulu que nous ſéduire ; m'arracher du foyer de mes peres ; me tirer d'un lieu dont je faiſois mes délices, que depuis tant d'années je prenois ſoin d'embellir, pour y passer agréablement mes derniers jours. Ce sacrifice, qui m'a tant coûté, que j'ai fait uniquement pour assurer le bonheur de mon fils, n'aura donc servi qu'à satisfaire les caprices d'une perfide, qui s'applaudit de ses indignes ruses ! Que plutôt la flamme dévore cette demeure qui me fut si chere.... Mais le ciel ne vengera pas aujourd'hui cette offense. Eh! qui donc m'en fera raison?

SCENE V.

AGLAÉ, DORANTE, SOPHIE, ERASTE, VALERE.

DORANTE.

C'EST sur moi, mon cher Eraste, que doit retomber votre ressentiment. Je vous ai embarqué dans cette malheureuse affaire. Damis ne peut être ſoupçonné d'y avoir part : il en eſt outré. Je l'ai laiſſé avec ſa mere, à qui il tâche de faire ſentir l'énormité de ſon procédé. Mais je crois qu'il y reuſſira auſſi peu que j'ai fait.

AGLAÉ.

Il m'a ſouvent dit que ma mere l'écoute, mais qu'elle ne le croit pas.

VALERE.

Voilà une foible reſſource.

DORANTE.

Eraſte, voulez-vous lui parler pour un dernier effort ? Elle revient, & ſera ici dans un moment.

ERASTE.

Non, Dorante, non ; je ne pourrois ménager les termes. Je veux bien plutôt l'éviter. Venez auſſi, mon fils ; il ne vous convient plus de la voir. Ne ſongeons qu'à partir demain à la pointe du jour.

VALERE.

Ah, mon pere! faut-il que je quitte Aglaé, ſans ſçavoir ce qu'elle deviendra? Eh! que deviendrai-je moi-même?

AGLAÉ.

Sophie, retirons-nous auſſi. (*Sophie prend ſon mouchoir pour eſſuier ſes larmes, & laiſſe tomber un billet de ſa poche, dans le temps qu'Orphiſe le ramaſſe & le met dans ſa poche.*)

SCENE

SCENE VI.

ORPHISE, DORANTE.

ORPHISE.

AH ! que cette pêche eſt un froid divertiſſement ! Les vendanges, c'eſt encore pis : une odeur de vin qui porte à la tête. Je voulois aller demain à la chaſſe ; cela eſt plus vif, mais bien fatiguant.

DORANTE.

N'avez-vous pas pris plus de plaiſir à votre ménagerie ?

ORPHISE.

J'y ai été infectée, & je n'ai pu y reſter qu'un moment. Me voilà fort au fait de la vie champêtre, dont les agrémens me paroiſſent aſſez inſipides. Mais, à propos, avez-vous remarqué l'air ſombre de ma fille, à cette promenade où je ne l'avois point appellée? Elle eſt outrée de la rupture de ſon mariage. Je vois qu'elle a de l'humeur : demain elle retournera à ſon couvent. Je ſuis aſſez contente de mon fils, qui ne m'a pas quittée.

DORANTE.

Il me ſemble que voilà encore une démarche bien précipitée. Si vous voulez la marier . . .

ORPHISE.

C'eſt la plus folle idée que j'aie eue de ma vie. Un moment de réflexion m'en a fait ſentir le ridicule. J'ai cru déja me voir entourée de petits enfans qui crioient après moi, bonne maman, bonne maman : cela m'a fait horreur.

DORANTE.

Cette idée eſt ſans doute effrayante,

ORPHISE.

Parlons ſérieuſement. Me ſieroit-il bien d'être grand'mere? Ce ſeroit un plaiſant contraſte. Cependant de petits enfans ſont des témoins qui dépoſent contre la jeuneſſe. Rien n'eſt plus eſſentiel que de conſerver ſa réputation à cet égard : la malignité du monde n'y porte que trop d'atteinte. J'ai vu des gens de la plus grande régularité, qui croiroient bleſſer leur conſcience en donnant à une femme des amans qu'elle a, & qui ne ſe font pas le moindre ſcrupule de la charger d'années qu'elle n'a pas.

DORANTE.

Oh! c'eſt-là un étrange renverſement de principes!

ORPHISE.

Comme la jeuneſſe eſt, ſans contredit, le principal avantage d'une femme; c'eſt celui qui lui eſt le plus envié, & ſur lequel elle essuie les injustices les plus criantes. Je le sçais par expérience. On n'a jamais été si jeune que je l'étois, quand j'entrai dans le monde. Que m'arriva-t'il ? Ce qui arrive toujours. On s'accoutume à vous voir jeune : peu après on l'oublie; on en vient même à ne plus croire que vous le soyez.

DORANTE.

Cela n'est pas si injuste; car avec le temps la jeunesse s'en va.

ORPHISE.

Non; il y a des figures qui sçavent se la conserver. Mais si d'ailleurs vous n'êtes attentive à vous maintenir par la gaieté, les petites enfances, & le soin d'écarter de fâcheuses époques, vous êtes perdue. Plus d'adorateurs, pas même de complaisans : votre empire est renversé.

DORANTE.

Avec ces ſages maximes, que vous aviez un peu oubliées ce matin, je vois que vous vous garderez bien auſſi de marier votre fils.

ORPHISE.

Mon fils pourroit épouſer une riche veuve, qui ne ſeroit pas de la premiere jeuneſſe. Pour ma fille, ce ſera aſſez-tôt de ſonger dans dix ans à ce qu'on en fera. Voyez-vous, Dorante, on a quelquefois des fantaiſies qui vous tirent des grandes regles; mais les gens ſenſés y reviennent toujours.

DORANTE.

Fort bien. Mais, vous voilà donc toute ſeule à votre campagne?

ORPHISE.

A ma campagne? . . . Des vaches, des moutons.... Je n'en avois jamais vus que dans le lointain d'un payſage, où ils plaiſent aſſez : mais, en vérité, de près, cela eſt fort laid.

DORANTE.

Voyez de combien ce qu'on a eſt moins beau que ce qu'on déſire. Cette vie, cette demeure raviſſante ....

ORPHISE.

Mais c'eſt qu'elle ne l'eſt pas. Les promenades ſont triſtes, les vues répétées, le terrein raboteux : on ne peut faire un pas ſans s'eſtropier. Je ſuis laſſe à mourir. La maiſon même n'eſt pas commode, cent choſes y manquent. La ſalle à manger eſt ſi petite, qu'à peine deux tables honnêtes y pourroient tenir. Le ſallon n'eſt pas aſſez grand : qu'il y ait ſeulement un cavagnol à quarante tableaux, & trois ou quatre quadrilles, on ne pourra pas s'y retourner.

DORANTE.

Songez donc que vous vouliez n'y

voir perſonne, & ne point jouer.

ORPHISE.

Oh! ce n'eſt pas là de ces choſes qu'on penſe éternellement. Tout franc, je ne ſuis pas faite pour être hermite, ni pour garder les dindons. Et puiſqu'Eraſte eſt ſi déſeſpéré de quitter ſa maiſon, il n'a qu'à la reprendre, & remettre ce qu'il a reçu. Je retirerai mes diamans. Vous ſçavez de quelle beauté ils ſont; ce ſera encore tout autre choſe, quand vous les verrez tous arrangés dans ce joli écrin.

DORANTE.

Eraſte eſt furieux; & quoiqu'il aime ſa maiſon...

ORPHISE.

Si furieux, dit-on, qu'il eſt prêt à y mettre le feu. Je voudrois qu'elle fût déja brûlée, pour ne la plus voir. Il eſt vrai qu'au premier coup d'œil elle eſt ſéduiſante: l'entrée me plut.

DORANTE.

La ſortie vous plaira encore davantage. Mais Eraſte, piqué, vous la rendra peut-être difficile, quelqu'envie qu'il ait lui-même d'y rentrer.

ORPHISE.

Je vous confie que j'ai chargé mon fils de lui aller parler, & de le preſſentir. Vous me feriez grand plaiſir, Dorante, de voir où ils en ſont, de preſſer cette négociation, & de m'en venir dire au plutôt le ſuccès.

DORANTE.

J'y vais, & vous promets d'y faire de mon mieux.

SCENE VII.

ORPHISE *ſeule.*

IL faut que je voie ce que c'eſt que ce papier que Sophie a laiſſé tomber de ſa poche, & que j'ai ramaſſé ſans qu'elle s'en ſoit apperçue .... C'eſt une lettre qui n'a ni ſouſcription, ni cachet. (*Elle lit.*)

LES motifs de la démarche que j'ai « faite la juſtifient aſſez. Je n'avois que « ce moyen pour vivre avec vous. Eh ! « que ne dois-je pas à ce que vous avez « fait pour moi, en m'épouſant? Ne « ſoyez point bleſſé de ma ſervitude ; « elle me ſemble plus douce & même « plus glorieuſe, qu'une couronne que « je ne tiendrois pas de votre main. « L'heureuſe occaſion que j'ai ſaiſie, ne « m'a pas laiſſé le temps de vous conſul- «

» ter, ni même de vous prévenir, pour » éviter la surprise qui auroit pu nous » découvrir. Je n'ose vous parler. Il m'a » paru moins hazardeux de vous écrire » ce mot que je vous rendrai moi-même, » en attendant que des circonstances fa- » vorables me permettent de vous en- » tretenir. »

Je veux approfondir ceci... Sophie ?

SCENE VIII.

ORPHISE, SOPHIE.

ORPHISE.

On m'a dit que vous sçaviez écrire : J'en veux faire l'essai. Ecrivez ce que je vais vous dicter. Voilà des plumes & du papier. Asseyez-vous. Dites-moi exactement la vérité : ce n'est qu'à cette condition que je pourrai vous pardonner.... Voyons ſi vous mettez bien l'orthographe.... C'eſt le même caractere. Il n'y a pas la moindre différence. Cette lettre eſt de votre écriture, Sophie?

SOPHIE.

Que je ſuis malheureuſe!

ORPHISE.

Je veux ſçavoir ce myſtere.

ORPHISE.

Ah, madame! n'achevez pas de me confondre. Souffrez que je garde un ſecret qui n'eſt pas à moi ſeule. Je ne chercherai point de détours; mais je ſerai obſtinée à me taire.

ORPHISE.

Ne m'avez-vous point trompée, en vous donnant pour ce que vous n'étiez pas, moi qui vous ai comblée de careſſes?

SOPHIE.

Cette fatale lettre vous montre mon excufe.

ORPHISE.

Qui donc êtes-vous venu chereher dans ma maifon ? Ce n'eft pas monfieur Triffin, que vous avez refufé avec tant de hauteur, comme il me l'a dit. Vous n'étiez pas fi fiere, quand vous aviez fait un choix moins honorable ; car fans doute, c'eft Duval qui eft votre mari ?

SOPHIE.

Ah, madame ! votre valet de chambre ! Si mon imprudence me livre à vos foupçons, formez-en qui m'aviliffent moins.

ORPHISE.

Que fignifie cet orgueil ? Sa faute l'éleve, au lieu de l'humilier. Parlez, Sophie, parlez, fi vous ne voulez pas vous perdre. J'ai du foible pour vous : fi vous me faites un aveu ſincere, je ſuis prête à vous pardonner.

SOPHIE.

Arrachez-moi la vie plutôt que mon ſecret. Si vous me le laiſſez, madame, il ſera bien gardé, & ne ſera tort à perſonne.

ORPHISE.

C'eſt Valere; je le vois. Pourquoi feignoit-il de vouloir épouſer ma fille?

SOPHIE.

Non, non, madame; vous les offenſez l'un & l'autre.

ORPHISE.

Mais qui donc? Dorante, ce cenſeur éternel des foibleſſes humaines? Car enfin je vois par votre lettre que c'eſt quelqu'un qui eſt ici... Mon fils ne vous regarde pas. Hélas! dans mes idées chimériques, je lui ai ſouhaité une femme telle que vous... Vous pâliſſez!... Ah! c'eſt lui.

SOPHIE.

Pourquoi le nommez-vous, madame? Enséveliſſez plutôt de tels ſoupçons ſous un profond ſilence.

ORPHISE.

Vos graces, vos ſentimens, vos procédés, Sophie, le défendent ſi bien, que je ne puis m'irriter contre lui. Mais je veux ſçavoir qui vous êtes?

SOPHIE.

D'une famille, autrefois illuſtre, maintenant tombée dans l'oubli; unique héritiere de ſes droits proſcrits, j'en poſſede les titres, & vous les ferai voir, madame, non pour m'attirer plus de conſidération, mais pour excuſer ce qui a été fait en ma faveur.

ORPHISE.

Jalouſe de votre naiſſance, comme vous avez dû l'être, comment vous êtes-vous réduite à ſervir?

SOPHIE.

Le désir de vivre avec lui, la flatteuse espérance de vous plaire étoient mon objet.

ORPHISE.

Comment donc s'est-il attaché à vous? Contez-moi votre histoire.

SOPHIE.

Orpheline dès mes plus tendres ans; j'avois une tante retirée dans le couvent d'où je sors, qui me mit auprès d'elle. Peu de temps après vous mîtes votre charmante fille dans la même abbaye. Le rapport de nos âges, la conformité de nos goûts nous unît étroitement. Damis, je ne puis plus me dispenser de le nommer, lorsqu'il partit pour sa premiere campagne, trouvant notre retraite sur sa route, voulut voir son aimable sœur. Le lien qui nous rendoit inséparables, m'entraîna sur ses pas. Nous nous fimes un plaifir d'enfant de lui donner l'embarras de deviner laquelle de nous étoit fa fœur : nous l'appellâmes toutes deux mon chere frere. Je n'ai qu'une fœur, dit-il. Devinez, dit Aglaé. Choififfez, repris-je. Il nous regarda attentivement l'une & l'autre : puis fixant fes regards fur moi, il dit. Je fouhaite que celle-là ne foit pas ma fœur. Piquée de ce mot, dont je ne fentis pas la valeur, Soyez content, lui dis-je ; je ne vous fuis rien.

ORPHISE.

Vous étiez donc encore bien enfant ?

SOPHIE.

Je n'avois que douze ou treize ans.

ORPHISE.

Continuez. Je ne fçais rien de plus intereffant.

SOPHIE.

Damis, au retour de la campagne, revint

revint à l'abbaye. Il ſe dit fatigué ; ſéjourna pluſieurs jours qu'il paſſa avec nous ; fit d'autres voyages ſécretement, pour nous voir ; enfin, me montra ſa paſſion, dont je fus d'autant plus effrayée, que, ſenſible à ſes charmes comme à ſes ſentimens, je ne me trouvois que trop diſpoſée à y répondre.

ORPHISE.

Mon fils étoit fort aimable ; vous auriez eu tort de ne pas l'aimer.

SOPHIE.

Je n'eus pas ce tort-là. Je voyois cependant l'impoſſibilité d'aſſortir nos fortunes ſi différentes. Je contai tout à ma tante, qui ſe reprocha ſa facilité à laiſſer former cette liaiſon, & me fortifia dans le deſſein de la rompre.

ORPHISE.

Votre tante étoit bien ſévere, & peu aviſée de croire que vous ſuivriez ſon conſeil.

SOPHIE.

Je le ſuivis, madame. Quel effort! Je dis à Damis que je ne le verrois plus; & je lui demandai, comme on demande quand on veut obtenir, de ne rien tenter contre cette réſolution; & je le priai de m'oublier, pour établir ſon repos & le mien.

ORPHISE.

Mais, voilà qui eſt ſurprenant, & digne d'admiration! Achevez.

SOPHIE.

Je fus deux ans ſans entendre parler de lui, au bout deſquels il m'écrivit, qu'attaqué, depuis qu'il ne m'avoit vue, d'une maladie qui alloit mettre fin à ſa vie, il ne croyoit pas contrevenir à mes ordres, en me diſant le dernier adieu: qu'il ne me reprochoit point ſa mort, dont j'étois la cauſe; mais qu'il me prioit d'en conſerver un tendre ſouvenir.

ORPHISE.

Cela m'attendrit trop ; j'en ſuis touchée juſqu'à répandre des larmes.

SOPHIE.

Sur cette affreuſe nouvelle, qui ne me fut que trop confirmée par celle que reçut ſa chere ſœur, je ne me connus plus. Je lui écrivis dans mon tranſport. Je le priai de vivre, & de vivre pour moi. Ce reméde fut efficace. Il guérit. Vous ſçavez, madame, ſi ces faits ſont véritables ?

ORPHISE.

Sa longue maladie, tout-à-fait inconnue ; ſa prompte guériſon, encore plus inexpliquable ; rien n'eſt plus certain, & ne vous excuſe ſi parfaitement.

SOPHIE.

C'eſt alors que je le rendis maître de mon ſort, perſuadée qu'il reſpecteroit l'objet qui lui étoit cher. Il vint me voir dès qu'il put se traîner. Il parla à ma tante; arrangea avec elle les mesures de notre mariage, que j'exigeai qui fût à jamais secret, ne voulant que lui de tout ce qui lui appartenoit.

ORPHISE.

Vous méritez mieux encore ; rien n'est au-dessus d'un attachement si tendre & si constant. Qu'on appelle mon fils. Vous serez son bonheur. Je veux qu'il fasse le vôtre autentiquement.

SCENE IX.

ORPHISE, DAMIS, SOPHIE.

ORPHISE.

MON fils, voilà votre épouſe. Je crois qu'avec plaiſir vous la recevrez de ma main?

DAMIS.

Ah, ma mere! qui vous a appris ce dangereux ſecret?

ORPHISE.

Le hazard, qui, tout aveugle qu'il eſt, fait ſouvent mieux que les plus clair-voyans, a découvert & terminé cette affaire à notre commune ſatisfaction. Sophie eſt digne de vous; ne cachez plus le choix que vous avez fait d'elle.

SOPHIE *ſe jettant aux pieds d'Orphiſe.*

Ah, madame! que vous dire, qui réponde aux ſentimens dont nous ſommes pénétrés ?

ORPHISE.

Mon fils, voilà un grand préſent que je vous fais ; mais en échange, je vous demande de me débarraſſer du fardeau qui m'accable. Avez-vous vu Eraſte ? Que dit-il ?

DAMIS.

Qu'il a été joué ; qu'il ne veut plus l'être. Il eſt déſeſpéré de quitter ſa maiſon, ſes voiſins, de déménager, de ſe transplanter : mais la piquerie l'emporte ſur la raiſon. Il préfere ſa peine à votre ſatisfaction. Dorante, que j'ai laiſſé en particulier avec lui, l'aura peut-être rendu plus traitable. Vous allez ſçavoir ce qu'il aura fait. Le voici.

SCENE X.

ORPHISE, DAMIS, SOPHIE, DORANTE.

ORPHISE.

EH bien, Dorante! Erafte confent-il de reprendre fa maifon?

DORANTE.

Il le défire, & ne le veut pas. Il a juré, dans fa colere, de périr plutôt que de fe préter jamais à rien de ce que vous pourriez fouhaiter de lui: à moins que vous ne vouluffiez acquitter la parole que vous lui avez donnée.

ORPHISE.

Quoi! c'eft toujours ma fille qu'ils veulent?

DORANTE.

Il m'a dit, qu'uniquement pour l'obtenir il s'étoit désisté de ce qu'il avoit de plus cher : qu'il s'en ressaisiroit volontiers, sous la même condition; mais n'en écouteroit aucune autre.

ORPHISE.

Mais, pourquoi sont-ils si entêtés d'elle ?

DORANTE.

Le hazard la fit voir il y a déja longtemps à Valere, qui en est passionné. Son pere l'aime, & veut pardessus tout le contenter.

ORPHISE

Ah! cela s'explique. Valere étoit tout-à-fait prévenu. Vous sçavez, Dorante, les raisons que j'avois de ne pas encore marier ma fille : mais déja son frere m'a donné une belle-fille. La voilà. Je l'ai acceptée, & lui ai pardonné.

Je ne puis plus parer l'inconvénient que je voulois éviter : autant vaut que ma fille se marie dans une circonstance dont je tirerai parti. Mais, c'est à condition qu'on me rendra la somme que j'ai donnée. Vous sçavez le besoin que j'en ai. Ma fille a son bien ; il faut s'en contenter.

DORANTE.

Cela ne fera pas de difficulté. Mais ne manquez plus de parole ; car l'habitude n'en vaut rien.

ORPHISE.

Allez, mon fils, leur porter ces propositions, & régler tout avec eux. Je m'en rapporte à vous. Vous devez avoir envie de me plaire. Faites faire le contrat de mariage de votre sœur & en même temps le vôtre ; je les signerai tous deux : & surtout retirez mes pierreries des mains de Triffin. Vous lui ferez, plus à loiſir, rendre compte du reſte, & lui donnerez ſon congé. C'eſt vous qui prendrez ſoin de mes affaires à l'avenir.

DAMIS.

Si mes talens répondent à mon zèle, vous ſerez bien ſervie.

ORPHISE *à Sophie.*

Et vous, ma fille, allez apprendre ces nouvelles à votre ſœur : je crois qu'elles lui feront agréables. Vous la ramenerez ici.

SOPHIE.

Vous me comblez de graces & d'honneur ; que ferai-je pour m'en rendre digne ?

ORPHISE.

Soyez toujours telle que vous êtes, & c'eſt aſſez.

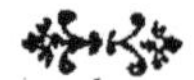

SCENE XI.

ORPHISE, DORANTE.

ORPHISE.

J'AI reçu, en revenant de la promenade, des lettres que je n'ai pas eu le temps de lire... Voyons ce qu'elles difent.... (*Elle lit.*) Ah! ah! Dorimene demande à fe retirer de la cour! Voilà une place fort agréable qui va vaquer. Je fuis fort rebutée du monde; cependant on tire, de ces places-là, de grands avantages pour foi, pour fa famille.... Je crois que, fi j'y voulois fonger, j'y trouverois toute forte de facilités. Il y aura bien des concurrentes.... Si pourtant cela me convenoit, il n'y auroit pas un moment à perdre. Je fuis d'avis de partir cette nuit, pour voir un peu de quoi il s'agit.

DORANTE.

Ce ſera bien finir votre journée!

ORPHISE.

Quand j'aurai expédié ce qui me reſte à faire ici, vous voyez bien que j'y ſerois déplacée : il vaut mieux que je parte. Eraſte vient avec nos enfans. Nous allons convenir de tout.

SCENE XII & DERNIERE.

ORPHISE, DORANTE, ERASTE, SOPHIE, DAMIS, AGLAÉ, VALERE.

ERASTE.

MADAME, après un peu de mal entendu, nous voilà d'accord & parfaitement contens. Je vous rapporte l'acte que nous annullons. J'ai remis à monsieur votre fils les deniers que j'avois reçus.

DAMIS.

Je les ai convertis en diamans que je vous présente, madame.

ORPHISE.

Toute affaire cessante, il faut les mettre à leur place. (*Elle les arrange dans son petit coffre.*) Mais, regardez donc,

Dorante, comme cela fait bien. Il n'y a pas une place de reste, ni rien qui ne soit placé.

ERASTE.

Je n'aurois jamais espéré un retour si heureux.

VALERE.

Quelle joie il répand dans mon cœur! Y êtes-vous sensible, belle Aglaé?

AGLAÉ.

Ah, Valere! vous n'en doutez pas.

SOPHIE.

Condamnerez-vous, Damis, ce que j'ai hazardé?

DAMIS.

Ce succès met le comble à ma félicité, & rien ne la peut égaler.

SOPHIE.

Que la mienne.

DORANTE.

De tous les événemens qui nous raviſſent ; voilà le plus heureux.

ORPHISE.

Allons-y mettre la derniere main ; & puis je partirai pour Verſailles, où de preſſantes affaires m'appellent. Si vous le voulez bien, Eraſte, mon fils & ſa femme reſteront ici encore quelques jours, avec leur ſœur, en attendant que mes arrangemens ſoient faits.

ERASTE.

Autant qu'il vous plaira, madame. Je n'aurai de peine qu'à vous les rendre.

ORPHISE.

Les notaires ſont chez vous. Je ſigne, & je pars.

Fin du troiſiéme & dernier acte.

LA MODE,

LA MODE,

COMÉDIE

EN TROIS ACTES,

PAR

MADAME DE STAAL.

ACTEURS.

LA COMTESSE.

LA MARQUISE.

JULIE, *fille de la comtesse.*

ACASTE, *amant de la marquise.*

LE BARON D'ORNAC.

ORNAC, *fils du baron, amant de Julie.*

LE CHEVALIER, *frere de la comtesse.*

DUBOIS, *valet de chambre de la comtesse.*

La Scène est à Paris, dans un salon de la maison de la comtesse & du chevalier.

LA MODE,

COMÉDIE

EN TROIS ACTES,

PAR MADAME DE STAAL.

ACTE PREMIER.

SCENE PREMIERE.

LA COMTESSE, LE CHEVALIER.

LA COMTESSE.

AH ! vous voilà arrivé, M. le chevalier? Vous n'avez donc pas reçu ma lettre? Je vous mandois de finir tranquillement vos affaires ; qu'on n'avoit plus besoin de vous ; que tout étoit rompu.

LE CHEVALIER.

Votre lettre, ma sœur, m'a trouvé en chemin. Je comptois même d'arriver hier pour la signature du contrat, & pour la cérémonie qui se devoit faire le même jour. J'ai été si surpris de ce brusque changement, que j'ai continué mon voyage, quoiqu'un peu plus lentement, pour vous en demander la raison.

LA COMTESSE.

On doit croire que j'en ai de bonnes.

LE CHEVALIER.

Mais, vous n'en alléguez aucune. Qui a jamais vu qu'un contrat dressé, le jour pris pour la noce, une mere dise froidement : J'ai changé de pensée ; je ne veux plus marier ma fille ?

LA COMTESSE.

Moi, je l'aurois sacrifiée, après les

ſoins que j'en ai pris, à des gens qui me couvriroient de confuſion?

LE CHEVALIER.

Eh! comment donc, s'il vous plaît?

LA COMTESSE.

Ah! vous pouvez penſer que je n'ai pas fait une choſe, qui en effet paroît ſinguliere, ſans avoir bien ſenti la néceſſité d'en venir-là.

LE CHEVALIER.

Vous avez donc reçu des avis bien étranges ſur ce jeune homme! Auroit-il fait quelqu'action dèshonorante?

LA COMTESSE.

Oh! non. Ce n'eſt pas cela.

LE CHEVALIER.

Eſt-il joueur, libertin, de mœurs déréglées?

LA COMTESSE.

C'eſt tout le contraire: il n'aime pas le jeu; le vin lui fait mal; il ne ſçauroit veiller. Cela n'eſt-il pas d'une belle reſſource ?

LE CHEVALIER.

Mais, s'il eſt exempt de vice, homme d'honneur, pourquoi renoncer à ſon alliance, d'ailleurs ſi avantageuſe ? Sa famille a toujours ſervi avec diſtinction, & lui-même a déja acquis de la réputation ; il joint à cela beaucoup de bien & un beau nom.

LA COMTESSE.

Un nom, ſi vous voulez: ce n'eſt pas de ceux qu'on entend nommer tous les jours.

LE CHEVALIER.

On le voit dans l'hiſtoire.

LA COMTESSE.

Je l'aimerois mieux ſur la liſte de Marli.

LE CHEVALIER.

C'eſt un avantage conſidérable, d'établir l'ancienneté de ſa race ſur des monumens autentiques.

LA COMTESSE.

Oui, cela eſt tout-à-fait touchant pour une fille, que les pédans ſçachent qu'elle eſt bien mariée !

LE CHEVALIER.

Le bien ; vous en faites donc auſſi peu de cas ?

LA COMTESSE.

Pourvu que l'on faſſe de la dépenſe ; je ne vois pas, moi, que le bien ſoit ſi néceſſaire.

LE CHEVALIER.

J'avois cru juſqu'à préſent qu'on devoit régler ſa dépenſe ſur ſon bien.

LA COMTESSE.

Mais, non. Cela va ſelon l'état, & ſelon ce que les autres font. On a plus ou moins de dettes ; voilà toute la différence.

LE CHEVALIER.

Je ne penſe pas que la fortune ſoit auſſi

bien établie ſur le crédit des marchands, que ſur de grandes & belles terres, comme celles d'Ornac.

LA COMTESSE.

Elles ſont joliment ſituées! c'eſt en Limouſin. Et ce qui eſt encore raviſſant, la principale eſt une baronie; & il ſe fait appeller monſieur le baron, titre ſuranné qui ne ſied tout au plus qu'à des étrangers. Je lui dis avec ménagement: Monſieur, eſt-ce que vous ne pourriez pas vous nommer comme tout le monde, monſieur le comte, ou monſieur le marquis? Je vis un homme déconcerté, qui me répondit platement: Mais, madame, je ne le ſuis pas; & ce n'eſt point l'uſage dans nos provinces de prendre d'autres titres que ceux qu'on a. Voyez la ſotte réponſe! & le beau régal que ç'eût été pour moi, d'entendre appeller ma fille, madame la baronne!

Il auroit fallu renoncer à la voir.

LE CHEVALIER.

Voilà des raiſons pour rompre un mariage, que je n'aurois jamais devinées. Ne pouviez-vous pas vous en aviſer plutôt, ſans amener les choſes juſqu'au point où elles ont été?

LA COMTESSE.

J'ai tenu bon tant que j'ai pu contre mes répugnances; mais les derniers incidens ont achevé de me déterminer. On nous invite à ſouper chez le pere: car, ce monſieur, ne vous déplaiſe, a un pere.

LE CHEVALIER.

Cela vous paroît ſingulier?

LA COMTESSE.

Eh non: Je ſçais qu'on a un pere; mais on ne va point avec ſon pere. Ceux-ci donc vont enſemble; c'eſt leur allure: & je parie que le fils ſeroit tout propre à vouloir aller avec sa femme. Cela auroit été charmant pour ma pauvre fille, que j'en ai heureusement garantie!

LE CHEVALIER.

Je ne sçais si elle en est si aise.

LA COMTESSE.

Oh! je l'ai trop bien élevée, pour croire qu'elle se plût avec des gens qui l'auroient chamarrée de ridicules. Mais revenons à ce souper, qu'on dit qui devoit être un souper de famille. On prie tous mes parens : vous sçavez que je ne les vois point; car ce sont des gens fort gauches, entr'autres ma sœur, qui se fait nommer madame la présidente. Quand on est assez malheureuse pour épouser un homme de robe, au moins doit-on éviter d'en prendre le titre.

LE CHEVALIER.

Mais, ma chere sœur, vous extravaguez. Sçavez-vous qu'il y a bien des gens de robe, dont la naiſſance vaut au moins la vôtre.

LA COMTESSE.

Tout ce qui vous plaira : mais ils n'ont point l'air du monde. Enfin, un préſident, une préſidente, cela me met à la mort.

LE CHEVALIER.

Fort bien. Mais voyons donc ce qui a fait le dénouement.

LA COMTESSE.

On ſe met à table. Oh! j'aurois voulu que vous euſſiez vu comme elle étoit ſervie. Ce qui devoit être aux entrées ſe trouvoit parmi les hors-d'œuvres. Le même déplacement au ſervice d'entrées & à l'entremets. Nulles primeures. Du gibier mal aſſorti, ſans choix, & qui pis eſt, ſans nom. On ſe récria ſur la bonté d'un quartier de chevreuil : je demandai s'il étoit de Monbar, ils ne purent me le dire. Vous croyez bien que je n'y touchai pas. Le fruit le plus antique qu'on ait vu de mémoire d'homme. Rien à sa place; une confusion, un bouleversement à faire mal au cœur; & pour comble de disgrace, il n'y avoit pas un ragoût qui ne fût de l'ancienne cuisine. Enfin je fus réduite à ne desserer les dents, ni pour manger, ni pour parler. Car, que dire à des gens de l'autre monde?

LE CHEVALIER.

Eh bien, ma sœur, c'est donc là ce qui vous a fait rompre le mariage?

LA COMTESSE.

Eh! laissez-moi achever. Après qu'on fut hors de table, ce beau galant me prit la main pour me conduire dans la chambre; & chemin faisant, il me dit qu'il s'estimoit l'homme du monde le plus heureux d'épouser ma fille, & d'être mon gendre. A ce mot de gendre, je crus être dans la rue ſaint Denis ; & je pris mon parti de ne pas m'aſſortir à des gens qui n'ont ni air ni façon, qui ſentent la province à infecter une maiſon. Que faire d'une telle compagnie ? Les gens que je vois croiroient être avec des Viſigoths.

LE CHEVALIER.

Eſt-il rien de plus inſenſé que de décider une affaire ſi importante ſur de pareilles vétilles ?

LA COMTESSE.

Mais, oui ; je comprends que le récit de ces choſes-là ne fait pas une grande impreſſion : il faut les voir, il faut les ſentir ; alors on n'y tient pas. Il y en a encore mille autres inſoutenables. Un jeune homme qui, au lieu de parler avec la légereté qui convient à ſon âge, a l'air meſuré, veut toujours ſçavoir ce qu'il dit ; je ne vois rien au monde de ſi déplacé. Mais il y a bien pis : C'eſt que j'ai remarqué qu'il eſt amoureux de ma fille : & je ſuis ſure qu'il ne s'en feroit pas caché, ſi elle avoit été ſa femme ; & peut-être auroit-elle été aſſez ſotte pour le ſouffrir.

LE CHEVALIER.

Mais vous croyez donc, ma ſœur, parce que vous avez toujours mal vécu avec votre mari, que toutes les femmes ſont obligées d'en faire autant ?

LA COMTESSE.

Vous avez cru, comme tout le monde, que je déteſtois votre beau-frere ?

LE CHEVALIER.

Je l'ai cru ſur de bonnes preuves.

LA COMTESSE.

Eh bien ! je puis vous l'avouer : cela eſt à préſent ſans conſéquence. Je l'aimois paſſionnément : mais j'ai ſçu m'en épargner le ridicule.

LE CHEVALIER.

Que voulez-vous dire ? car enfin, ma ſœur, je puis vous parler franchement : Vous aviez des galanteries de part & d'autre.

LA COMTESSE.

Tout cela n'étoit qu'un jeu ; & il nous en coûtoit aſſez : Mais il faut du moins ſauver les apparences ; & heureuſement j'étois aſſortie avec quelqu'un qui craignoit, autant que je fais, tout ce qui a mauvais air. Nous avions pris de concert de juſtes meſures pour n'être pas même ſoupçonnés. Sa mort penſa tout découvrir. Il fut tué à l'armée, comme vous ſçavez : c'étoit un accident auquel je n'étois pas préparée. Je ne pus retenir les premiers mouvemens. Cependant j'eus la conſolation d'entendre quelqu'un, au chevet de mon lit, qui diſoit tout bas : Son jeu eſt outré.

Je pourrois vous conter ſur cela mille traits ſinguliers, qui vous divertiroient : mais je n'ai pas le loiſir. Il faut que j'aille choiſir des étoffes, après que j'aurai dit quatre mots à ma fille . . . Dubois ?

Dubois entre.

DUBOIS.

Que veut madame ?

LA COMTESSE.

Faites venir ma fille. *Dubois ſort.*

LA COMTESSE.

Au moins, monſieur, n'abuſez point de la confiance que je vous ai témoignée ?

LE CHEVALIER.

N'ayez pas peur. Je n'ai nulle envie de faire tort ni à vous, ni à votre famille, qu'on ſoupçonneroit peut-être des mêmes ſingularités.

SCENE

SCENE II.

LA COMTESSE, JULIE, LE CHEVALIER.

LA COMTESSE.

AH ! quelle révérence ; elle eſt à faire horreur ! Je voudrois que Marcel eût vu cela. En récompenſe, vous voilà joliment miſe ! Eh ! où avez-vous pris cette garniture de robe ? Elle n'eſt aſſurément pas de la Duchap ; je n'ai rien vu de ſi mauſſade, ſi ce n'eſt votre coëffure. Le tout eſt bien aſſorti ! Je parie que tous ces chiffons-là ont été pris au palais. Et ce joli panier ? me direz-vous qu'il eſt de la Germain ?

JULIE.

Vous ſçavez, madame, que je ne choiſis rien.

LA COMTESSE.

Vous avez des femmes pernicieuſes, qui, malgré toute l'attention que j'ai pour qu'on ne mette rien ſur vous qui ne ſorte de la main des meilleures ouvrieres, introduiſent des chiffonnieres, & vous font agréer leurs vilaines guenilles. Tout cela eſt auſſi ajuſté d'un grand goût! ... & ce rouge, qui ſemble vouloir être naturel, eſt une vraie ridiculité.

JULIE.

J'avoue, madame, que je me ſuis un peu amuſée ce matin : cela m'a fait preſſer mon habillement.

LA COMTESSE.

Et à quoi, s'il vous plaît, vous êtes-vous amuſée ?

JULIE.

A lire.

LA COMTESSE.

A lire ? & qui s'eſt jamais aviſé de lire ?

Celui-là eſt admirable ! Oh ! je ſerois curieuſe de ſçavoir ce que vous liſiez.

JULIE.

Madame, je liſois quelque choſe de l'hiſtoire Romaine.

LA COMTESSE.

En voilà bien d'une autre ! Apprenez, mademoiſelle, qu'il ne faut ſçavoir que l'hiſtoire du jour ; & ſi l'on veut lire, que ce ſoit des brochures encore toutes mouillées ; car dès qu'elles ſont ſéches, on n'en parle plus. Il eſt aſſez à propos, le jour qu'elles paroiſſent, d'en dire ſon avis, ſoit qu'on les ait vues, ou non : on en a entendu parler, cela ſuffit. En vérité, monſieur, on a grande raiſon de dire que l'éducation des enfans n'eſt pas une choſe aiſée ! Vous ne pouvez vous imaginer à quel point j'ai été occupée de celle de ma fille ; & vous voyez le ſuccès. Cela eſt propre à tout faire abandonner.

LE CHEVALIER.

Oh! je vois bien, ma fœur, qu'un tel plan d'éducation a dû vous coûter beaucoup à faire & à fuivre; mais autant que j'en puis juger, ce n'étoit pas là le plus propre pour le caractere de ma niéce.

LA COMTESSE.

Qu'eft-ce que cela veut dire? Le caractere... A-t'on un caractere? N'eftelle pas faite pour vivre dans le monde? Faut-il qu'elle foit autrement que les autres?

LE CHEVALIER.

Quand elle s'en éloigneroit en bien des chofes, il n'y auroit pas grand mal.

(*Dubois entre.*)

DUBOIS.

Voilà des marchands qui apportent les étoffes que madame a demandées pour le meuble qu'elle fait faire.

(*Dubois fort.*

LA COMTESSE.

J'y ſuis bien forcée. Je n'ai point de lit d'hyver en baldaquin ; & je ne puis plus du tout dormir dans les autres.

LE CHEVALIER.

Je n'aurois jamais cru le ſommeil aſſujetti à la mode.

LA COMTESSE.

Allez, mademoiſelle, vous r'habiller; & ſi vous n'êtes infiniment mieux, ne comptez pas que je vous mene à l'opéra. Je vous prie, chevalier, de ne la point ſoutenir dans toutes ſes mauvaiſes façons : car pour peu qu'elles augmentent, j'en ſuis ſi rebutée que je la mettrai dans un couvent.

JULIE *bas.*

Que n'y ſuis-je déja ! (*Dubois entre.*)

DUBOIS.

Madame la marquiſe de Roianne demande ſi elle peut voir madame ?

LA COMTESSE *à Dubois.*

Faites-la entrer : & dites à ces marchands de m'attendre dans ma chambre. (*Au chevalier.*) C'eſt une femme charmante qui, preſqu'étrangere, a ſi bien pris l'air & les façons du monde, qu'elle ſemble y être née.

SCENE III.

LA COMTESSE, LA MARQUISE.

LA COMTESSE.

Ah, marquiſe ! quelle fortune vous amene ici ? Je ne ſçavois plus ce que vous étiez devenue.

LA MARQUISE.

J'ai paſſé preſque tout l'été à la campagne, & j'y retourne. Paris eſt odieux : il n'y a perſonne, on s'y ennuye à périr.

Je ne ſçais comme vous pouvez faire pour y tenir.

LA COMTESSE.

J'ai chargé Florimond nommément aujourd'hui, de m'aller chercher une guinguette où je veux paſſer le reſte des beaux jours; moins pour quitter la ville, que pour éviter de ſottes gens, & encore de plus ſottes queſtions.

LA MARQUISE.

Sur quoi?

LA COMTESSE.

Une fille, un mariage rompu, des miſeres.

LA MARQUISE.

Ah, oui! On diſoit que votre fille s'alloit marier. Cela ne valloit donc rien?

LA COMTESSE.

Du bien, de la naiſſance, de l'avancement dans le ſervice; mais rien que cela: point de monde, point d'agrémens.

LA MARQUISE.

Pour un mari, on n'y regarde pas de si près.

LA COMTESSE.

Vous avez raison. Mais il s'est trouvé des circonstances si affadissantes, si.... Cela ne vaut guere la peine d'en parler. Contez-moi plutôt de vous. Il y a cent mille ans que je ne vous ai vue; je crois, en vérité, pas, depuis le souper que nous fîmes chez la petite Celine. Elle est gentille. Qu'en avez-vous fait? Elle paroissoit vous aimer à la folie.

LA MARQUISE.

Elle a passé l'été à la campagne; il n'y a que cinq ou six jours qu'elle est de retour. L'embarras, où actuellement elle se trouve, fait pitié. Son amant est en Italie: ils ne reviendront point cet hyver. Je fus hier toute la soirée avec elle. Je la trouve véritablement à plaindre.

LA COMTESSE.

Eſt-ce qu'elle l'aime ?

LA MARQUISE.

Non, mais elle vit avec lui. C'eſt un homme qui lui convient, dont le choix lui fait honneur, qui a même de fort bons procédés : car, quoiqu'il ait bien des paſſades, c'eſt décemment, & de façon qu'elle n'eſt pas obligée de le ſçavoir. Vous croyez bien cependant qu'elle ne l'ignore pas ; mais elle eſt trop aviſée, pour vouloir que cela fût autrement. Elle ſçait bien qu'on n'a les gens agréables qu'à cette condition, & que rien n'eſt plus ſuſpect du côté des agrémens que la trop grande fidélité.

LA COMTESSE.

Sans doute. Mais qu'eſt-ce qu'il y a d'embarraſſant à tout cela ?

LA MARQUISE.

Vous voyez bien qu'elle ne peut pas

paſſer l'hyver ſans avoir quelqu'un. Une femme auſſi jeune, auſſi jolie; cela paroîtroit trop bizarre. D'un autre côté, elle craint que Damis, qui ne laiſſe pas d'avoir quelquefois des caprices, ne prenne un travers ſur cela ; & elle voudroit ne le pas perdre. Car, à tout prendre, il lui convient mieux qu'un autre. Moi, je ne ſçais du tout comment la conſeiller. Elle fera ce qu'on voudra. C'eſt la créature la mieux née que je connoiſſe, & qui ne ſonge qu'à ſe conduire de la maniere qui donnera le moins de priſe ſur elle.

LA COMTESSE.

Rien de plus ridicule que de n'avoir perſonne ſur ſon compte. Voudroit-elle qu'on la ſoupçonnât d'une conſtance romaneſque, ou d'un abandon humiliant? Et d'ailleurs comment faire des parties avec elle? on ne ſçait qui en mettre.

LA MARQUISE.

Cela eſt aſſez vrai. Mais vous, comteſſe, où en êtes-vous ?

LA COMTESSE.

Toujours le même. Ce n'eſt pas que je ne ſente la mauvaiſe grace d'une vieille affaire ; mais je ſuis ſi pareſſeuſe & ſi fort d'habitude, que tout changement me coûte. Cela eſt au point que je ne puis pas non plus me défaire de mes valets qui me font enrager.

LA MARQUISE.

Oh ! pour moi, je ſuis réſolue de me défaire de mon dogue : ſon humeur eſt inſoutenable.

LA COMTESSE.

Eſt-ce qu'il s'aviſe d'être jaloux ?

LA MARQUISE.

Bon ! nous ne ſommes pas ſur ce pied-là. C'eſt de l'humeur, de la pure humeur, de la contradiction ſans meſure &

ſans fin. Je le pris, parce qu'il eſt gai & divertiſſant; car il a de bons intervalles. Il me faiſoit rire & m'amuſoit beaucoup. Il gagnoit dans ce temps-là; il a perdu depuis tout ſon argent; je ne ſçais ſi c'eſt ce qui a donné l'eſſor à cette humeur diabolique à laquelle je ne puis plus tenir; il faut nous ſéparer. Je l'ai gardé un temps fort honnête. Changer trop tôt, cela a un air de légéreté. Mais à dire vrai, ſans la derniere campagne, où il a été bleſſé, je n'aurois pas perſévéré juſqu'à ce moment-ci; il a fallu voir ce que cela deviendroit. Le voilà revenu; je ſonge tout de bon à m'en débarraſſer.

LA COMTESSE.

Lui donnerez-vous ſon congé?

LA MARQUISE.

C'eſt ce que je voudrois éviter. Sa vanité ſera bleſſée: il me faudra eſſuyer des scènes d'emportement désagréables. J'aime mieux faire ensorte qu'il me quitte.

LA COMTESSE.

Il est bien piquant d'être quittée.

LA MARQUISE.

D'accord : mais enfin il est de mon voyage à la campagne. Je le mene comme un chien qu'on veut perdre. Il y a dans le voisinage une petite femme qui a un visage de fantaisie, dont je me promets beaucoup.... Ah, comtesse ! si vous vouliez, sans aller plus loin, me l'enlever, vous seriez charmante ; & je suis sure qu'il ne tiendroit qu'à vous. J'ai envie de lui donner un rendez-vous ici pour cette après-dîner. Je prétexterai quelqu'affaire, & nous tenterions celle-ci.

LA COMTESSE.

Ma belle marquise, à l'éloge que vous

m'en avez fait, vous ne devez pas croire que je vous joue un pareil tour.

LA MARQUISE.

Non, non; son humeur ne se montre pas d'abord. Il a d'ailleurs des choses fort aimables, de la plaisanterie, le ton du monde, une très-jolie figure. Eh bien! vous en serez quitte pour vous défaire de lui à la premiere frasque. En vérité, je le supporterois plutôt tel qu'il est, que votre grand & triste Florimond. Car enfin, ma comtesse, permettez-moi de vous dire que je le trouve fort ennuyeux.

LA COMTESSE.

Eh! qui le sçait mieux que moi? Mais je ne le vois guere, quoique nous soyons toujours ensemble. Les spectacles, les promenades, le jeu prennent tout mon temps. J'ai toujours assez de monde chez moi quand j'y suis; & si par hazard je me trouve ſeule avec lui, je le fais chanter ; car il eſt vrai qu'il n'y a pas moyen de l'entendre parler.

LA MARQUISE.

Je crois qu'il n'a point du tout d'eſprit.

LA COMTESSE.

Oh ! mais l'eſprit, cela ne fait rien. Une femme ne s'attire pas de blâme d'être attachée à quelqu'un qui manque de ce côté-là, pourvu qu'il n'y ait rien à dire ſur la figure & l'air du monde ; & c'eſt à quoi j'ai pris garde. Florimond eſt fait à peindre, & perſonne ne ſe met ſi bien.

LA MARQUISE.

Je vois que je n'ai rien à attendre de vous.

LA COMTESSE.

Je vous l'ai déja dit : Je ne puis ſouffrir le remue-ménage. D'autres gens, d'autres allures ; il faut tout bouleverser : & véritablement on ne peut décider ce qui coûte le plus, ou de maintenir d'anciennes liaisons, ou d'en faire de nouvelles : l'une & l'autre ont bien des difficultés. Mais, belle dame, vous qui êtes si décidée, vous avez sans doute un choix tout fait ?

LA MARQUISE.

Non, pas encore. Mes amis, qui sçavent à peu près où j'en suis, m'ont fait plusieurs propositions : je ne laisse pas d'être embarrassée à me déterminer. On m'a parlé de Philinte.

LA COMTESSE.

Il est fort à la mode ; c'est un grand point : j'avoue cependant qu'il ne me plairoit pas.

LA MARQUISE.

On se l'arrache, c'est à qui l'aura : il est vrai qu'on le garde si peu, que dans huit

huit jours ce feroit à recommencer. J'aime mieux quelque chofe d'un peu plus fixe. Il y en a un autre d'une figure charmante, à ce qui m'a été dit (car je ne l'ai jamais vu) : mais c'eft un homme qui a des fingularités. Il veut du myftere dans fes galanteries, & prétend qu'on ne fçache pas à qui il eft attaché. Vous m'avouerez qu'il y a peu de femmes affez dupes pour vouloir fupporter les fujettions d'un engagement, fans y rien trouver qui flatte la vanité : car enfin il ne faut pas croire que les frais n'en foient pas grands. C'eft bon marché quand les complaifances fe partagent par moitié : combien de femmes fe voient obligées d'en porter les trois quarts ?

LA COMTESSE.

Et quelquefois le tout. C'eft ne guere connoître la vie des femmes du monde, que de la croire aifée : elle eft

plus auſtere que la vie retirée.

LA MARQUISE.

Ah ! vous avez bien raiſon. Il n'y a qu'à voir en détail comment ſe paſſent nos journées. Le matin, quelle diſcuſſion avec les ouvriers, les marchands, pour le choix des parures ! quels ſoins pour avoir ce qu'il y a de plus nouveau, de meilleur goût, & pour n'être pas prévenue ſur une mode ! Enſuite les cartes, les billets qu'il faut écrire pour l'arrangement des parties. Tout cela mene juſqu'au dîner. On dîne.... On ne dîne point; car il faut ſouper. Après vient l'exceſſif travail d'une toilette faite avec toute l'attention que demande la néceſſité de ſe bien mettre. A peine a-t'on fini, qu'on ſort pour les ſpectacles : il faut toujours tout voir, ou plutôt être vue par tout. Enfin l'on va ſouper, & la nuit ſe paſſe à cavagnole.

LA COMTESSE.

Et lorſque le jour paroît, ſi malheureuſement on ſe trouve accablée de ſommeil, il faut encore dire qu'on ne peut pas ſe réſoudre à ſe coucher. Vous en direz tout ce que vous voudrez; pour moi, je m'imagine qu'il y a beaucoup plus d'avantage (ſurtout pour les perſonnes pareſſeuſes comme je ſuis), dans le parti de ces brillantes retraites, où l'on ſemble reprendre un nouvel éclat. Vous ne le croiriez pas, je ſuis quelquefois tentée d'en faire l'eſſai.

LA MARQUISE.

Ah! gardez-vous-en bien. N'y eût-il que le préliminaire, il eſt affreux: plus de rouge, plus de ſpectacles: la parure eſt encore un article qu'il faut céder.

LA COMTESSE.

On en quitte le faſte, l'on en réſerve le bon goût. Il y a une ſorte de viſage à qui cette apparente ſimplicité ne ſied que mieux. Il faut être d'une jeuneſſe rare, pour ne recevoir aucun dommage de l'exceſſive parure.

LA MARQUISE.

Et l'amant, qu'en fait-on ?

LA COMTESSE.

C'eſt l'occaſion la plus favorable de ſe ſéparer, ſans avoir l'embarras d'un nouvel embarquement. En attendant que nous examinions plus à fond cette affaire, venez me donner vos avis ſur un meuble que je veux qui ſoit unique. Mais votre Acaſte ne ſeroit-il pas d'un conſeil excellent ?

LA MARQUISE.

C'eſt le goût le plus exquis que nous ayons : vous ne pouvez rien faire ſans lui. Allons, je lui écrirai un mot dans votre cabinet.

Fin du premier acte.

ACTE II.

SCENE PREMIERE.

ACASTE, ORNAC.

ORNAC.

Ah ! vous êtes ici, mon cher Acaste ? Seriez-vous ami de la maison ?

ACASTE.

Ami, non ; connu, oui.

ORNAC.

Eh ! qu'y venez-vous faire ? Il n'y a personne.

ACASTE.

C'est ce qu'on m'a dit à la porte : mais j'ai voulu vérifier le fait ; car on m'avoit expréssément recommandé de m'y trouver de bonne heure.

ORNAC.

Seroit-il indiſcret de s'informer qui vous a donné cet ordre ?

ACASTE.

Une dame pour laquelle j'ai des complaiſances.

ORNAC.

Et qui ſans doute en a pour vous ?

ACASTE.

Par-ci, par-là.

ORNAC.

Mais votre déeſſe, la voilà donc oubliée ?

ACASTE.

Oh ! ces divinités-là diſparoiſſent dès que la toile eſt baiſſée : elle m'a tenu toute la campagne ; ce n'eſt pas mal aller.

ORNAC.

Je vous ai cru engagé tout de bon, quoique mal aſſorti.

ACASTE.

Tu te mocques. Avec des reines de théâtre, prend-on les choses si sérieusement ?

ORNAC.

Quand ç'auroit été une femme du premier rang, vous n'y auriez pas mis plus de mystere.

ACASTE.

J'y en aurois mis beaucoup moins ; cela n'eût pas été si bon à cacher. Mais notre nymphe est médiocrement jolie, & même pas trop bonne actrice ; il n'y avoit pas là de quoi se vanter. Ce n'est pas tout : des raisons plus graves m'obligeoient de tenir le cas secret. Voici le fait. Quand je partis pour la campagne, j'avois perdu outrageusement. Une petite Provençale, avec qui je m'étois engagé en faveur du climat, me prêta ce qu'elle avoit d'argent, & même mit noblement ses pierreries en gage, pour rendre la somme plus honnête. Je pensai que l'emploi de ses deniers à l'entretien d'une comédienne de peu de distinction pouvoit choquer sa vanité, & lui donner sur sa belle action des remords dont les suites m'auroient embarrassé ; car ce n'étoit point du tout le moment où je pouvois lui rendre son argent. Tu m'as mis à l'abri de cet accident, en laissant passer l'aventure sur ton compte ; & ce n'est pas un petit service que tu m'as rendu.

ORNAC.

Oui : mais je pourrois m'être fort mal servi moi-même, par cette sotte complaisance où je me suis laissé entraîner. J'ai peur que mon pere n'ait oui dire quelque chose de cette prétendue galanterie, dont on a beaucoup parlé à l'armée. Il me fait mauvaise mine ; & il est tout propre à me regarder comme un homme perdu qui déshonore sa famille, s'il a le moindre vent de cette affaire.

ACASTE.

Tu es bien nigaud, de te mettre en peine pour cela! Ton pere radote sans doute. N'est-il pas vieux?

ORNAC.

Il n'est pas jeune; mais il ne radote point.

ACASTE.

Oh! il ne radote pas: il doit radoter. Il n'y a qu'à le prendre sur ce pied-là.

ORNAC.

Vous traitez tout légérement, Acaste; c'est votre façon. Ce n'est pas la mienne: car, outre le respect que je dois à mon pere...

ACASTE.

Ah! mon petit Caton, laiſſe-là tes formules. Je veux te façonner; tu ſçais que je l'ai entrepris.

ORNAC.

Je doute du ſuccès. Mais ce n'eſt pas cela dont il eſt queſtion. J'ai une affaire ſérieuſe, & très-ſérieuſe, où j'entrevois que vous pourriez me ſervir.

ACASTE.

Eſt-ce que tu veux te battre?

ORNAC.

Non. C'eſt que je veux me marier...

ACASTE.

Ah, ah, ah! Celui-là eſt digne de toi. Tu veux te marier?

ORNAC.

Ris tant que tu voudras: il y a bien pis; c'eſt que je ſuis amoureux à en perdre l'eſprit.

ACASTE.

Tu n'as plus rien à ménager ; tu l'as perdu d'avance. Tu veux te marier! Cette belle affaire eſt-elle bien avancée?

ORNAC.

Elle étoit faite ; elle eſt rompue. Je voudrois engager mes amis à la renouer, & porter mon pere à des démarches pour leſquelles il montre de la répugnance.

ACASTE.

Ah! ce n'eſt plus ton pere ; c'eſt toi, mon enfant, qui radotes... Mais ſi je ne puis guérir ta folie, je veux la ſervir. Dis-moi comment? Quelle eſt ta maîtreſſe?

ORNAC.

C'eſt une créature parfaite. La beauté, les graces, l'eſprit ; jamais tant de charmes ne ſe ſont trouvés réunis ; & ſurtout ſa naïveté eſt à enchanter.

ACASTE.

Je le crois. Mais voilà, de toutes les instructions, celle qui m'est la moins nécessaire. Dis-moi plutôt son nom, afin que je voie si je connois quelque chose de ce qui l'entoure.

ORNAC.

L'on m'a dit que Dorante son oncle vient d'arriver : il passe pour un homme sensé. Le connoîtriez-vous ?

ACASTE.

Je ne connois guere de ces gens-là ; j'ai pourtant vu celui-ci, mais peu.

ORNAC.

Il loge dans cette maison avec sa sœur. J'y suis venu pour le voir. Il est sorti. Je l'attens.

ACASTE.

Quoi ! c'est la fille de la comtesse à qui vous en voulez ? Si elle ressemble à sa mere, te voilà bien loti ! Elle est ridicule à l'excès ; & son amant, le plus grand fat que nous ayons vu de nos jours ; un belâtre, occupé de sa figure ; plus triste & plus sot que tous les sots du monde ensemble.

ORNAC.

Rien n'est plus différent que la mere & la fille.

ACASTE.

Tant mieux. Oh çà, je te dirai que je ne la connois guere, cette comtesse : mais ma petite marquise est par fois de ses amies ; & ce moment-ci pourroit bien être un redoublement d'amitié entr'elles ; car j'ai reçu, de leur part, un billet très-pressant pour me rendre ici. Mais mes deux folles, sans songer au rendez-vous, s'en sont allées à l'opéra. Le suisse m'a dit qu'elles étoient en petite loge, & n'en verroient pas la fin. J'irai y faire un tour, & reviendrai avec elles.

ORNAC.

Ne ſoupçonnez-vous point ce qu'elles vous veulent ? Sçavent-elles que je ſuis en liaiſon avec vous ? Ne ſeroit-ce point de moi qu'elles voudroient vous parler ?

ACASTE.

Non, je ne crois pas qu'elles ſçachent que nous nous connoiſſions : je n'en ai rien mandé à la marquiſe. Je m'imagine qu'il s'agit de quelqu'aſſortiment de meubles.

ORNAC.

Mais avant que de confier mon affaire à votre marquiſe, je voudrois ſçavoir quelle femme c'eſt ; ſi elle nous ſervira fidelement. Etes-vous ſûr de ſon cœur ?

ACASTE.

Non pas de ſon cœur, mais de ſon activité. Elle ne s'intereſſe à rien, & ſe mêle de tout. Oh ! c'eſt une eſpece rare. Elle me pique par sa singularité, & me retient par la variété de son caractere. Elle a une humeur enragée, & me taxe d'en avoir outrément ; mais c'est ma gaieté avec d'autres qu'elle appelle de l'humeur avec elle. Le tout ensemble, elle est aimable, quoiqu'un peu trop folle.

ORNAC.

Tout cela bien pesé, je ne vois pas qu'on en puisse tirer parti pour la négociation dont il s'agit.

ACASTE.

Oh! te voilà bien avec tes poids & tes mesures! On ne feroit jamais rien, si on y regardoit de si près. Je te dis, moi, qu'elle fera merveilles. Elle dira à la comtesse que tu es mon ami, un homme charmant; elle n'osera jamais en douter, & sera comblée de te donner sa fille, qu'elle croira marier splendidement.

ORNAC.

Mais, il faudroit ſçavoir les raiſons qu'elle a eues de ſe dédire à la veille de la concluſion.

ACASTE.

Pauvre eſprit! où vas-tu chercher des raiſons dans la conduite d'une femme? & à quoi bon apprendre ce qu'elle a penſé le matin, puis l'après-dîner, puis le ſoir? Et qui voudrois-tu qui pût entendre, comprendre & retenir les idées qui ſe ſont préſentées, croiſées, renverſées dans une telle tête?

ORNAC.

Il eſt ſi ſingulier de me voir refuſer une fille que je devois épouſer le lendemain!

ACASTE.

Tu as beau te déplorer. Nous ne pouvons pas faire que ta noce ſoit faite: tâchons ſeulement qu'elle ſe faſſe. C'eſt

dommage,

dommage, il eſt vrai, de ne pouvoir accroître l'éternité d'un mariage de tout le temps qui l'a précédé ! Cependant partons d'où nous ſommes, ſans rabâcher inutilement ſur le paſſé. Bon ! pendant que je rabâche ainſi avec toi, j'oublie l'opéra où il faut que je me trouve. Adieu ; juſqu'au revoir.

SCENE II.

ORNAC *ſeul.*

C'EST bien le comble du malheur, de n'avoir pour reſſource que de telles gens. Mais cet homme raiſonnable que j'attens, n'arrivera-t'il point ?

SCENE III.

ORNAC, LE CHEVALIER.

ORNAC.

MONSIEUR, vous voyez un malheureux qui n'eſpere qu'en vous. Madame votre ſœur vous a dit ſans doute les motifs du cruel traitement qu'elle m'a fait : je vous conjure de vouloir me les apprendre.

LE CHEVALIER.

J'ai vu ma ſœur en arrivant, monſieur. Je l'ai queſtionnée ſur cette bizarre aventure, dont je ne ſuis ni moins ſurpris, ni moins fâché que vous : elle m'a beaucoup parlé & ne m'a rien dit ; du moins n'ai-je rien compris à toutes les niaiſeries qu'elle m'a débitées. Je vous avouerai, toute ma ſœur qu'elle eſt, que ſes fantaisies la dominent souverainement, & ne se soumettent qu'à d'autres caprices. La raison n'y peut rien; & de quelque maniere qu'on la lui présente, on ne fait que l'affermir & l'indigner contr'elle. Je ne sçais donc, avec toute l'envie que j'ai de vous servir, comment m'y prendre.

ORNAC.

Mais, monsieur, si mon pere venoit lui parler, s'il pouvoit découvrir à quoi tient ma disgrace, on mettroit tout en œuvre pour réparer ce qui a pu lui déplaire.

LE CHEVALIER.

Quoique j'espere peu de ce moyen, je ne vois pas d'inconvénient à le tenter.

ORNAC.

Je vais de ce pas me jetter aux pieds de mon pere, & faire en sorte qu'il vienne s'expliquer avec madame votre ſœur. Mais voudra-t'elle le voir?

LE CHEVALIER.

Elle ne peut certainement refuſer de l'entendre.

ORNAC.

Si vous avez pitié de mon ſort, daignez, monſieur, vous trouver à cette entrevue.

LE CHEVALIER.

Je vous le promets. Allez, monſieur : puiſſe le ſuccès répondre à mes déſirs très-conformes aux vôtres.

SCENE IV.

LE CHEVALIER *ſeul.*

JE n'eſpere rien : la vue du baron ne ſera que la cabrer. Sa perruque ne ſera pas bien miſe, ſon habit ſera mal fait : elle ne voudra jamais l'écouter. Peut-être n'aura-t'il pas des bas blancs : en voilà aſſez pour tout perdre. Oh ! tête de femme ! prodige d'extravagance ! . . Mais voici ma niece : il faut que je ſçache ce qu'elle penſe, avant que de prendre à cœur cette affaire-ci.

SCENE V.

LE CHEVALIER, JULIE.

JULIE.

Je vous cherchois, mon cher oncle. Avez-vous remarqué ce que ma mere vous a dit en vous quittant ? Je la crois disposée à me mettre dans un couvent : ne pourriez-vous pas la fortifier dans ce dessein ?

LE CHEVALIER.

Que dites-vous, ma niéce ? Vous voudriez être dans un couvent ?

JULIE.

Hélas ! oui, mon oncle.

LE CHEVALIER.

Eh ! pourquoi cela ?

JULIE.

Le monde est si pénible, si difficile !

il faut prendre tant de soin pour lui ! Si vous avez un cheveu mal arrangé, ma mere dit qu'il ne vous le pardonne pas : le moyen de le contenter !

LE CHEVALIER.

Votre mere dit ce qu'il lui plaît . . . C'est votre mere ; je n'ai rien à dire. Mais il faut sçavoir qu'il y a monde & monde : un, tout frivole, à qui on ne plaît en effet que par des futilités ; un autre, que plus proprement on peut appeller le public, s'attache à l'essentiel ; & c'est celui-là dont on doit rechercher l'approbation.

JULIE.

Ma mere ne le connoît donc pas ; je ne lui en ai jamais oui parler. Je ne le connois pas non plus ; je ne sçaurois comment m'y prendre avec lui : j'aimerois mieux le couvent.

LE CHEVALIER.

Votre mere vous aime.

JULIE.

Je l'aime auſſi, mon oncle : mais je voudrois qu'elle me diſpensât d'aimer les choſes que je n'aime pas, & qu'elle me laiſsât prendre plaiſir à celles qui me plaiſent ; j'en goûterois mieux le bonheur de vivre avec elle.

LE CHEVALIER.

Ma chere niéce, parlez-moi avec confiance. Il a été queſtion de vous marier ; quelle étoit votre volonté ſur cela ?

JULIE.

Ah, mon oncle ! eſt-ce que j'ai une volonté ? elle eſt ſi rompue, qu'elle ne peut me ſervir à rien.

LE CHEVALIER.

Vous êtes jeune ; c'eſt bien fait d'être ſoumiſe. Cependant ſi celui qui devoit vous épouſer ne vous déplaît pas, comme c'eſt un bon parti, il faudroit tâcher de faire revenir votre mere de ſes préventions contre lui.

JULIE.

Oh, mon cher oncle! cela ne ſeroit pas poſſible. Ma mere dit qu'il eſt ſans goût, ſans connoiſſance des uſages; que ſes tabatieres ſont plates, point guillochées; qu'il ne ſe met pas bien; qu'elle a vu du premier coup d'œil que ſes habits ne ſont pas faits par Paſſau. Elle lui a auſſi remarqué une veſte d'un deſſein de l'année paſſée, & en a été fort choquée. Moi, cela ne me fait rien.

LE CHEVALIER.

Eſt-ce là tout ce qu'elle lui reproche?

JULIE.

Oh! bien d'autres choſes: qu'il parle de nouvelles; qu'il raiſonne ſur des affaires politiques, & n'eſt au fait de rien ſur les intrigues du monde; enfin qu'il eſt farci de ridicules qui ſautent aux yeux. Mais, mon oncle, eſt-ce qu'on a des yeux différens les uns des autres? car avec les miens je ne vois point cela.

LE CHEVALIER.

Les vôtres, ma niéce, comment vous le font-ils voir?

JULIE.

Je ne ſçaurois bien vous le dire; mais... d'une maniere qui plaît.

LE CHEVALIER.

Et ſon eſprit, comment le trouvez-vous?

JULIE.

Je ne ſçais pas s'il parle bien; mais tout ce qu'il dit, c'eſt ce que je penſe.

LE CHEVALIER.

Vous aime-t'il?

JULIE.

Comment ſçavoir cela, mon oncle?

LE CHEVALIER.

Quoi! ne vous a-t'il pas parlé?

JULIE.

Très-peu; j'étois toujours ſi près de ma mere!

LE CHEVALIER.

Encore, que vous a-t'il dit?

JULIE.

Des choſes que je crois qu'on dit toujours.

LE CHEVALIER.

Vous ſembloit-il qu'il les pensât?

JULIE.

Mais.... mais oui, mon oncle.

LE CHEVALIER.

C'eſt aſſez: je veux travailler à renouer l'affaire. Voilà votre mere & ſa compagnie, qui reviennent de l'opéra. Retirez-vous: je reſte, pour me donner le divertiſſement de les entendre.

SCENE VI.

LA COMTESSE, LA MARQUISE, LE CHEVALIER, ACASTE.

LA MARQUISE.

Ah, monſieur le chevalier ! vous êtes ici ? Je vous croyois encore je ne ſçais où, bien loin. Dites-moi, je vous prie, Acaſte, de quoi vous a entretenu Clarimond qui étoit à côté de vous dans le balcon ?

ACASTE.

Il me parloit de ſa capacité, de ſes talens, du tort qu'on a de ne le pas employer : il eſt ſaiſi d'étonnement du peu d'uſage qu'on fait de lui : cet aveuglement lui pronoſtique la ruine de l'état. Je l'ai perſifflé à outrance : oh ! cela a été délicieux. Il a voulu me retenir à ſouper : mais j'étois déja ſi raſſaſié de lui, que je n'ai pas été tenté de l'excellente chere qu'il fait.

LA COMTESSE.

Il a du goût, mais point de génie : il n'a pas inventé un ſeul mets qui puiſſe lui faire un nom. Vous aviez encore un bon original de l'autre côté : c'eſt l'homme le plus ridicule....

ACASTE.

Original, oui Ses travers ſont à lui ; comme les traits de ſon viſage. Je ne le trouve pas ridicule : il n'a rien d'affecté ; il n'eſt qu'extravagant.

LA COMTESSE.

Beliſe ne l'a-t'elle pas à préſent ?

ACASTE.

Elle l'avoit hier ; je ne ſçais ſi elle l'a encore aujourd'hui.

LA MARQUISE.

C'eſt la contre-partie : elle n'a rien qui ſoit à elle ; ſon viſage, le ſon de ſa voix, tout eſt d'emprunt.

ACASTE.

Et ſon eſprit? Elle répéte le plus proprement du monde le ſentiment des autres, n'hazarde jamais le ſien ; & s'il lui arrive d'oublier ſa leçon, elle reſte court, comme les oiſeaux ſifflés, à la moitié d'un air qu'ils ont appris.

LA COMTESSE.

N'êtes-vous pas excédé de voir éternellement Aurélie & Cléon au ſpectacle, avec l'air ennuyé qu'ils y apportent?

ACASTE.

Cet ennui eſt l'ennui qu'ils ont l'un de l'autre.

LA MARQUISE.

Et que ne ſe quittent-ils?

ACASTE.

Cléon, je ne ſçais par quelle bonté d'ame, ne veut pas la laiſſer, qu'elle n'ait quelqu'un. Il fait tout ce qu'il peut, pour lui trouver un amant; il vante ſes agrémens, ſa complaiſance. Il ne ſéduit perſonne: on la voit paſſée, on la lui laiſſe. Mais, à propos, je n'avois pas encore vu cette petite Hortenſe, qu'on vient de marier:elle eſt vraiement jolie! c'eſt la jeuneſſe même.

LA COMTESSE.

Mais, non; ce n'eſt point la jeuneſſe, c'eſt l'enfance: il faut voir ce que cela deviendra.

ACASTE.

Et ſa ſœur, qui eſt toute arrivée au point où elle doit être, comment la trouvez-vous?

LA COMTESSE.

Elle a des traits.

ACASTE.

Il n'y en a pas un de manqué ; & tous ſont faits l'un pour l'autre.

LA COMTESSE.

Je ne lui trouve point de phyſionomie.

ACASTE.

Elle en a, madame la comteſſe ; &, qui pis eſt, des graces.

LA MARQUISE.

On convient qu'elle eſt belle : mais je ne ſçais pourquoi j'en aimerois mieux une autre.

ACASTE.

Je le crois.

LA COMTESSE.

Oh ! c'eſt la mere qui étoit admirable !

LE CHEVALIER.

Eh ! oui : celle-là eſt morte.

LA MARQUISE.

Enfin voilà un mot que nous avons arraché de monſieur le chevalier, qui, je crois, n'a pas daigné nous écouter!

LE CHEVALIER.

J'ai admiré la revue exacte que vous avez faite des ſpectateurs : reſte à ſçavoir comment vous avez trouvé le ſpectacle.

LA MARQUISE.

Je ne l'ai ni regardé, ni écouté. Qu'eſt-ce qu'ils ont joué, comteſſe?

LA COMTESSE.

C'eſt ce maudit opéra ennuyeux à mourir, exécuté à faire horreur, dont la muſique fait grincer les dents : on l'a vu mille fois. Je ne ſçais comme il s'appelle.

LE CHEVALIER.

J'ai beau vivre dans le monde; je

ferai toujours étonné qu'on aille avec empreffement à un fpectacle pour ne le voir ni l'entendre, & qu'on en revienne fans fçavoir ce que c'eft : quel plaifir y prend-on ?

LA COMTESSE.

Mais ne diroit-on pas qu'on ne doit fonger qu'à fon plaifir ? La vie eft un tiffu de bienféances qu'il faut remplir.

LA MARQUISE.

Oh ! je ne vous paffe pas celui-là : pour moi, je me divertis fort au fpectacle ; & quand je n'aurois vu aujourd'hui que la parure de quinze ans à la très-chere Cidalife, dont le vifage en prononce cinquante, je ne regretterois pas ma peine. Mais j'ai remarqué cent chofes plus plaifantes les unes que les autres. Avez-vous vu l'air compofé de la petite Felice ? Son chevalier étoit dans le balcon, qui l'obfervoit curieufement.

Elle avoit besoin d'une grande adresse pour faire passer quelques lorgneries de l'autre côté, sans qu'il s'en apperçût.

ACASTE.

Oh! cela étoit bon à voir! J'en ai encore attrapé quelque chose.

LA COMTESSE.

Je n'y ai pas pris garde. Ce qui m'a fixée, c'est l'affligée Doralie : on voit bien qu'elle a la mort dans le cœur. Il est vrai aussi qu'on lui a joué un cruel tour.

ACASTE.

Eh! quoi donc? je ne le sçais pas.

LA COMTESSE.

Oronte étoit depuis longtemps son amant déclaré. Il a surpris des lettres écrites à un rival, non-seulement très-galantes, mais où il est tourné lui-même en ridicule. C'est un homme violent, qui n'a mis aucunes bornes à son ressentiment. Il a commencé par faire une liste très-nombreuse de tous ceux qui ont eu les bonnes graces de la dame, & l'a donnée au public, avec de petites notes sur chaque aventure.

ACASTE.

Cela est fort !

LA COMTESSE.

Ce n'est pas sur cela qu'il se faut récrier : il n'y a guere de gens piqués qui n'en fissent autant. Mais, ce qui est infâme, abominable, & du plus malhonnête homme du monde ; c'est, qu'ayant découvert qu'elle met une sorte de blanc, dont personne ne s'étoit jamais apperçu, il l'a publié sur les toîts.

LA MARQUISE.

Dévoiler ces choses-là, c'est n'avoir rien de sacré, & manquer totalement à la probité.

LE CHEVALIER.

Je ſuis édifié de voir que, dans la profeſſion galante, on a ſa morale, comme les brigands ont la leur.

LA MARQUISE.

J'oublie que j'ai l'affaire du monde la plus preſſée ; il faut néceſſairement que je vous quitte.

LA COMTESSE.

Quoi ! Vous ne voulez pas paſſer ici la ſoirée ?

LA MARQUISE.

Cela m'eſt impoſſible. Mais je veux bien vous confier mon ſecret. J'ai vu chez Hébert une tabatiere enchantée, dont la tête me tourne. Je l'aurois priſe ſur le champ, car je meurs de peur qu'elle ne m'échappe ; mais la fantaiſie de cet homme bizarre s'eſt tournée aujourd'hui à vouloir de l'argent. J'ai perdu, je n'en avois pas : il veut cent louis, cent cinquante, je ne ſçais plus combien. Cela ne fait rien, pourvu que je trouve ce qu'il me faut, & que je n'aie pas le dégoût de voir une boëte ſi ſinguliere dans d'autres mains que les miennes. Je vais donc parler à quelqu'un, qui, je crois, facilitera mon affaire : & ſi j'ai ma boëte ce ſoir, je reviendrai pour vous la montrer.

LA COMTESSE.

Et mon meuble, vous ne le verrez donc pas ?

LA MARQUISE.

Je vous laiſſerai Acaſte, qui s'y entend encore mieux que moi.

LA COMTESSE.

Je ſuis très-fâchée, marquiſe, que vous ne vouliez pas reſter avec nous ; vous auriez eu un beau cavagnole. J'aurois mandé à Dorimene de venir, & de nous amener des joueurs.

ACASTE.

Oh ! l'ennuyeuſe bégueule !

LA COMTESSE.

Ne dites donc pas cela. C'eſt la meilleure femme du monde, qui ne parle jamais de perſonne.

ACASTE.

En a-t'elle le loiſir ? Elle parle toujours d'elle.

LA MARQUISE.

Il eſt vrai qu'elle eſt d'une ſotiſe outrée.

LA COMTESSE.

Mais, je voudrois ſçavoir à quoi ſert l'eſprit ? de quel uſage il eſt dans la ſociété ? Il arrive ſi rarement d'en tirer parti, qu'il ne vaut pas la peine d'être recherché. Les merveilleuſes ont leur goût à part, qui n'eſt point celui des autres. Dorimene fait tout ce qu'on veut, joue toujours, point heureuſement, & perd de la meilleure grace du monde.

LE CHEVALIER.

Voilà un éloge complet!

ACASTE.

Damon n'eſt-il point de plus mauvaiſe humeur qu'elle, quand elle perd?

LA MARQUISE.

Perſonne à tous égards ne ſoutient les revers du jeu comme lui; c'eſt le plus beau joueur, le plus aimable garçon du monde, & du meilleur commerce.

ACASTE.

Il ne dit jamais un mot de vrai, & ne ſçauroit rien taire de ce qu'il ſçait.

LA COMTESSE.

Il n'y a qu'à ne pas croire ce qu'il dit, & ne lui point confier ſon ſecret: ſi l'on ne paſſoit pas les petits défauts, l'on ne vivroit avec perſonne.

ACASTE.

Il a une aventure par devers lui d'un dépôt joué, perdu, nié, qui ne lui fit pas un honneur infini.

LA MARQUISE.

Je ne vous dirai pas s'il eſt d'une probité à toute épreuve ; mais il eſt de bon compte au jeu, & c'eſt de quoi il s'agit.

SCENE VII.

LA COMTESSE, LE CHEVALIER, ACASTE, DUBOIS.

DUBOIS.

MONSIEUR le baron d'Ornac demande à voir madame, & la ſupplie qu'il puiſſe lui parler en particulier.

LA COMTESSE.

Mon ſuiſſe eſt bien ſuiſſe, d'avoir laiſſé entrer cet homme ! Je ne puis pas le voir; que lui dirois-je?

LE CHEVALIER,

Je ne ſçais pas en effet ce que vous pourrez lui dire; mais je ſçais que vous ne pouvez refuſer ſa viſite : ce ſeroit outrer les mauvais procédés.

LA COMTESSE *à Dubois.*

Allez donc dire à ce baron qu'il n'a qu'à entrer... (*au chevalier*) Chevalier, ne me quittez pas.

LE CHEVALIER.

C'eſt bien mon intention.

LA COMTESSE.

Acaſte, ſi vous voulez paſſer dans ma chambre, vous examinerez mon meuble. J'expédierai le vieux baron leſtement, & j'irai vous retrouver.

ACASTE.

Ah, ah ! N'eſt-ce pas le pere de mon petit d'Ornac, brave comme l'épée qu'il porte?

LA COMTESSE.

Quoi ! vous le connoiſſez ?

ACASTE.

Nous avons fait la campagne enſemble, & nous ne nous ſommes pas quittés.

LA COMTESSE.

A la guerre, comme à la guerre. Vous aviez là une étrange compagnie !

ACASTE.

C'eſt, je vous jure, un joli garçon.

LA COMTESSE.

Mais, où prend-t'il cela ? Il eſt triſte, il eſt plat : ah, fi !

ACASTE.

Je vous dis, madame la comteſſe, que j'en ferai quelque choſe.

LA COMTESSE.

De fort mauſſade.

ACASTE.

Non, non. Ce n'eſt encore qu'une ébauche : mais j'y mettrai la derniere main..... Voilà tout de bon le pere ; je décampe.

SCENE VIII.

LA COMTESSE, LE CHEVALIER, LE BARON.

LE BARON.

MADAME, c'eſt avec crainte de vous déplaire, que je me préſente devant vous, & avec regret de n'avoir pas été trouvé digne de votre alliance.

LE CHEVALIER.

Ma ſœur n'ignore pas, monſieur, le cas qu'on doit faire de la vôtre.

LA COMTESSE.

Ma fille eſt ſi jeune encore, & ſi peu faite, que je n'ai pu me réſoudre à la marier.

LE BARON.

D'autres raiſons, madame, vous ont fait retirer votre parole. On vous a tenu de mauvais diſcours de mon fils.

LA COMTESSE.

Oh ! point du tout.

LE BARON.

Que ſert de diſſimuler ? Vous avez appris la malheureuſe aventure qui m'a cauſé tant d'inquiétude & de chagrin, quoique je n'aie jamais cru qu'elle pût avoir de ſuite. Mon fils eſt bien né ; il ne s'eſt porté aux folies qu'il a faites, pendant la campagne, qu'entraîné par les mauvais exemples, & moins par paſſion, que ſéduit par la ſotte vanité d'imiter les mœurs du temps.

LA COMTESSE, *bas.*

Que veut dire ceci ?

LE BARON.

Je vois, madame, que vous me reprochez de ne vous avoir pas tout avoué dès qu'il fut queſtion de l'union projettée : mais vous comprendrez la répugnance d'un pere à parler des extravagances de ſon fils. Je n'ai pas même voulu qu'il ſçût que j'en fuſſe informé. J'ai cru que, ſans donner l'allarme, je remédierois à tout ; & qu'en lui faiſant épouſer une perſonne auſſi aimable que mademoiſelle votre fille, la comédienne ſeroit bientôt oubliée.

LA COMTESSE.

Ah ! ah ! . . . hé, mais je pourrois bien avoir trop précipité mon jugement.

LE BARON.

En effet, madame, vous vous êtes bien preſſée de rompre. La choſe plus approfondie ne méritoit pas d'en venir là ; & je me repens de ne m'en être pas d'abord expliqué avec vous.

LA COMTESSE.

Il eſt vrai que, ſi j'avois été mieux informée, l'affaire auroit pu prendre un autre tour.

LE BARON.

Eh, madame! n'eſt-il pas temps encore? Oubliez les égaremens de mon fils; il n'y perſiſtera pas: daignez les lui pardonner.

LA COMTESSE.

Ah! je ne trouve pas ſa faute impardonnable.

LE BARON.

Cette indulgence eſt digne d'admiration. Mais, madame, achevez: laiſſez-vous fléchir. Rendez-lui cette charmante fille qui lui avoit été ſi ſolemnellement promiſe.

LA COMTESSE.

Véritablement ceci change de face.

LE CHEVALIER.

Oh! oh! je ne m'y attendois pas.

LA COMTESSE, *bas.*

Il y a plus d'étoffe que je ne croyois: Acaste me l'a bien dit; nous en ferons quelque chose... (*au baron*) Je sens, monsieur, que mes répugnances s'évanouissent; & nous pourrons bien renouer l'affaire.

LE BARON.

Si vous êtes favorablement disposée, madame, pourquoi différer?

LE CHEVALIER.

Pourquoi pas dès ce soir?... (*bas*) Profitons du moment qui pourroit bien nous échapper.

LE BARON.

C'est bien dit. Je vais faire avertir le notaire.

LA COMTESSE.

A la bonne heure, on n'en entendra

plus

plus parler. Il faut pourtant que j'en dise un mot à ma fille, après que j'aurai vu ce que pense Acaste de mon meuble.

LE BARON.

Quel bonheur inespéré ! que de graces à vous rendre, madame !...

LA COMTESSE.

C'est assez, monsieur le baron ; je vous tiendrai parole. Allez tout disposer.

Fin du second acte.

ACTE III.

SCENE PREMIERE.

LA COMTESSE, JULIE.

LA COMTESSE.

MADEMOISELLE, ce mariage que j'avois rompu, je juge à propos de le renouer. Je ne doute point que je ne vous trouve diſpoſée à ſuivre mes volontés.

JULIE.

Madame, je les reſpecte, ſans en connoître les motifs ; & quelques différentes qu'elles puiſſent être, vous m'y verrez toujours également ſoumiſe.

LA COMTESSE.

Ah ! voilà des phraſes. Cela eſt fort

bien écrit ; mais ce n'eſt pas comme cela que l'on parle. Je vous dirai, moi, tout ſimplement, que je n'ai pas voulu vous donner à un homme qui m'a paru ſi peu propre pour le monde, qu'on n'auroit ſçu qu'en faire : mais je commence à croire qu'il pourra ſe former. Je ſuis guérie encore d'une inquiétude qui n'étoit pas la moins forte. La plupart des gens de province ont des idées gothiques : ils veulent être attachés à leurs femmes ; & c'eſt tout ce qu'il y a de pis : outre la platitude, des importunités ſans nombre. Mais celui-ci commence à ne me pas déplaire : on vient de me parler d'engagemens qui ont aſſez bon air.

JULIE.

Qu'entens-je ?

LA COMTESSE.

Je crois que c'étoit dans le deſſein de

les rompre, que ſon pere a voulu le marier. Le bonhomme, imbu des maximes provinciales, croit l'invention ſûre : nous ſçavons à quoi nous en tenir.

JULIE.

Mais, madame, permettez-moi de vous repréſenter qu'il me ſeroit bien déſagréable d'épouſer un homme malgré lui, & de vivre avec quelqu'un qui peut-être ne me pourroit ſouffrir.

LA COMTESSE.

En vérité, vous êtes bien peu faite pour votre âge ! Ne ſçavez-vous pas qu'un mari eſt l'homme du monde avec qui on vit le moins ?

JULIE.

Non, madame ; je ne ſçaurai jamais cela. Si j'épouſe quelqu'un, je compte de vivre, & de bien vivre avec lui.

LA COMTESSE.

Eh ! qui vous propoſe d'y vivre mal ?

Eſt-ce que je prétends, quand vous vous trouverez avec votre mari, que vous n'ayez pas pour lui la politeſſe due à tout le monde? Je penſe au contraire qu'il n'y a perſonne avec qui l'on doive avoir des manieres plus honnêtes & moins familieres.

JULIE.

Le monde, tel que je le vois, tel que vous me le montrez, madame, je ſens que je n'y ſuis pas propre. Et loin de ſonger à me marier, le mieux qu'on puiſſe faire de moi, c'eſt de me mettre dans un couvent : je le déſire, je vous le demande. Ayez la bonté, madame, de m'accorder cette grace.

LA COMTESSE.

Voilà la plus haute extravagance dont on ait jamais oui parler. Vous croyez bien que je n'adhérerai pas à vos viſions. C'eſt à moi de faire ce que je veux. Le notaire, les parens vont venir pour la ſignature du contrat : allez vous diſpoſer à obéir de bonne grace, & raccommodez votre coëffure qui eſt pis que jamais. Je vais, en attendant, finir des affaires preſſantes, traverſées par mille incidens ſurvenus mal à propos.

SCENE II.

JULIE, *ſeule.*

J'AI bien un ſoin plus important que celui d'arranger ma coëffure. Il faut que je parle à mon oncle ; il eſt ſorti ... je vais l'attendre ici. ... Mais s'il ne revient pas, que ferai-je ? le temps me preſſe. Eh bien ! je parlerai à ma mere : je me ſens le courage de lui dire avec fermeté que je n'épouſerai point Ornac ... Il ne m'aimoit donc pas ! ...

Mais pourquoi ai-je cru qu'il m'aimoit?.. Il ne m'a jamais parlé qu'avec un air embarraſſé. Ce que j'ai pris pour de l'amour, n'étoit que de la contrainte... Je vois qu'il n'a pas voulu me tromper..... N'importe; je me ſuis trompée, moi : c'eſt ce que je ne lui pardonne pas. Le voici: je veux l'éviter... Mais non : s'il me ſecondoit, je n'aurois point à réſiſter à ma mere; & c'eſt une terrible entrepriſe.

SCENE III.

JULIE, ORNAC.

ORNAC.

BELLE Julie, vous me voyez au comble du bonheur : tout eſt enfin d'accord; il ne me manque plus que votre aveu dont je me ſuis flatté. Voilà le premier moment où j'ai pu vous le demander ſans témoins ... Quels regards ſombres! Vous ne me dites rien ? Me ſuis-je trompé, quand j'ai cru que vous m'accorderiez votre main ſans répugnance ?

JULIE.

Oui, monſieur.

ORNAC.

Ah ! voilà le coup le plus affreux & le moins attendu !

JULIE.

Je ne puis faire votre bonheur ; vous ne feriez pas le mien. Rompons des nœuds mal aſſortis. Et s'il y a quelque choſe de vrai dans les proteſtations que vous m'avez faites, épargnez-moi les reproches de ma famille, en prenant ſur vous la rupture de cet engagement.

ORNAC.

Cruelle Julie ! je vous délivrerai de moi par un moyen plus ſûr, & moins indigne que celui de trahir mes ſentimens.

JULIE.

Pourquoi feindre ce deſeſpoir que vous n'avez pas ? & vous plaindre quand je vous ſers ? Plus de franchiſe vous conſerveroit mon eſtime. A quoi bon vouloir encore m'en impoſer par de vains diſcours ?

ORNAC.

Que voulez-vous dire, Julie ? Chaque parole que vous prononcez me jette dans un nouvel étonnement. Je vous trompe ! je veux vous en impoſer ! vous me ſervez en vous ſéparant de moi ! Quel abîme d'obſcurités !... Expliquez-vous, que je ſçache du moins d'où naît mon malheur.

JULIE.

Vous n'ignorez pas vos anciens engagemens : ſoyez-y fidele ; & ne ſongez plus à en former de nouveaux.

ORNAC.

Moi ! des engagemens ! Eh ! qui a pu vous dire une pareille impoſture ?

JULIE.

Je le ſçais : ne vous obſtinez pas à vouloir me tromper.

SCENE IV.

JULIE, ORNAC, ACASTE.

ACASTE.

JE vous trouve enſemble ; j'en ſuis ravi. Je trouble ſans doute un doux entretien : mais vous aurez tout le loiſir de l'achever, & il faut que je prenne part à la joie de mon cher Ornac... Qu'eſt-ce donc que ceci ? Vous avez déja l'air de gens mariés !

ORNAC.

Nous en ſommes bien loin. Julie m'abhorre ; elle vient de me le dire.

ACASTE.

Elle auroit bien fait de vous donner cet avis un peu plutôt ; on ne ſe ſeroit pas tant tourmenté pour renouer votre mariage. Mais, mademoiselle, oserois-je vous demander pourquoi un homme aimable, qui vous aime passionnément, vous déplaît ?

JULIE.

Qui m'aime passionnément!

ORNAC.

Si j'avois simplement le malheur de lui déplaire, je m'en affligerois sans m'en plaindre : mais, qu'elle m'accuse de la tromper, d'avoir d'autres atttachemens!

ACASTE.

Ne t'affliges plus, mon enfant : ton affaire va mieux que tu ne crois.

SCENE V.

JULIE, ORNAC, ACASTE, LE CHEVALIER.

ACASTE.

MONSIEUR le chevalier, nos amans ſont déja brouillés; venez leur apporter la paix. Julie ne veut plus d'Ornac: lui ſe déſeſpere. Elle prétend qu'il en aime une autre: il ne ſçait ce que c'eſt.

LE CHEVALIER.

Nous n'avons pas le loiſir de nous amuſer à tous ces enfantillages. Qu'ils gardent leurs tracaſſeries pour leur ménage. Il faut commencer par l'établir. Tout cela s'éclaircira. Le pere d'Ornac nous a parlé d'une petite aventure de ſon fils: ce ſont des échappées de jeunesse, dont il ne faut pas trop se formaliser.

ORNAC.

Ah! je respire. Voilà donc mon crime? Ah, Julie! l'avez-vous pu croire? Acaste.... Mais, parlez donc; c'est à vous de me justifier, puisque vous êtes l'unique cause de l'odieux soupçon qui a pensé me perdre.

ACASTE.

Cette petite peccadille ne lui appartient seulement pas: c'est un de mes méfaits. J'avois trouvé pendant la campagne une comédienne à mon gré; & de graves raisons m'obligeoient d'en faire mystere. Je la mis sur le compte de mon ami Ornac: l'honneur lui en est demeuré. Voilà le mot de l'énigme. C'est un garçon sage comme une image, que l'on a très-injustement accusé d'avoir une maîtresse.

ORNAC.

Après cet éclairciſſement, belle Julie, ai-je encore à craindre vos refus ?

JULIE.

Si vous vous engagez ſans contrainte, j'obéirai ſans peine.

LE CHEVALIER.

Vous direz le reſte une autre fois. Allez, ma niéce, voir ſi je puis parler à votre mere. Je ne veux pas donner dans ſes étoffes. Ne lui dites rien de l'incident qui vient de s'éclaircir. Nous l'en régalerons quand le mariage ſera fait. Vous, Ornac, allez preſſer votre pere de venir, afin que nous puiſſions finir ce ſoir... (*à Julie*) Encore un mot, ma niéce. . .

(*il lui parle bas.*)

ACASTE *à Ornac qui s'en va.*

Ecoute un moment : Te voilà hors d'intrigue ; & moi dans le plus étrange embarras. La marquiſe s'eſt engouée d'une maudite tabatiere : cela l'a fait appercevoir qu'elle n'avoit ni argent ni pierreries à mettre en gage pour la payer. Elle a parlé à mon intendant, & veut r'avoir le tout : je n'ai rien dans ce moment-ci à lui offrir que ma perſonne. J'ai envie de l'épouſer, pour ne la pas payer ; je lui donnerai un auſſi gros douaire qu'elle voudra. Voilà tout ce que je puis faire pour la contenter ; qu'en penſes-tu ?

ORNAC.

Ce n'eſt pas ſérieuſement que vous avez imaginé cet expédient ?

ACASTE.

Si ſérieuſement que je vais, de ce pas, le lui propoſer.

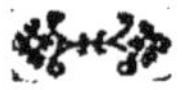

SCENE

SCENE VI.

LA COMTESSE, LE CHEVALIER.

LA COMTESSE.

Ah, mon frere ! que me voulez-vous dans l'état où je ſuis ?

LE CHEVALIER.

Quoi donc, ma ſœur ! qu'eſt-il arrivé ?

LA COMTESSE.

Tout ce qu'il y a de plus affreux. Ah ! je me meurs.

LE CHEVALIER.

Dites donc, ma ſœur : vous me faites trembler.

LA COMTESSE.

Je ſuis . . . . . ſi ſaiſie, ... qu'il m'eſt impoſſible de parler ! . . . . . (*elle ſe jette dans un fauteuil, faiſant des cris &*

P *

des pleurs.) Ah ! ah ! ah ! perdre en un moment ce que j'avois de plus cher au monde !

LE CHEVALIER, *bas.*

Que veut-elle dire ? Son fils auroit-il été tué ?

LA COMTESSE *continue.*

Ce qui faisoit toute la douceur de ma vie ! Ah ! je ne survivrai pas à une si effroyable perte.

LE CHEVALIER.

Mais parlez donc ? Quel accident !...?

LA COMTESSE.

La jambe cassée ! Il est impossible qu'il en revienne ; & s'il en réchappe, il sera estropié pour le reste de ses jours. Que je suis malheureuse !

LE CHEVALIER.

Mais, ma sœur, comment cela peut-il être ? J'ai vu du monde, on ne parloit de rien.

LA COMTESSE.

Je crois bien que cette cruelle aventure n'eſt pas encore répandue : elle le ſera bien-tôt ; & je ſerai plainte.

LE CHEVALIER.

Il eſt certain qu'il ne s'eſt rien paſſé ces jours-ci : c'eſt donc qu'il s'eſt battu ?

LA COMTESSE.

Voilà ce que je n'ai pu éclaircir.

LE CHEVALIER.

Mais par qui vous eſt venue cette nouvelle ? Le valet de chambre de votre fils a-t-il écrit ?

LA COMTESSE.

Que voulez-vous dire, mon frere ? Qu'a de commun mon fils, ſon valet de chambre, avec le déſaſtre qui m'arrive ?

LE CHEVALIER.

Quoi ! ce n'eſt pas votre fils qui eſt

blessé ? il ne lui est rien arrivé ?

LA COMTESSE.

Je ne sçais rien de mon fils, pas même où il est.

LE CHEVALIER.

Je vous demande pardon, ma sœur. J'ai cru, dans le désespoir où je vous ai vue, que votre fils étoit blessé à mort.

LA COMTESSE.

Je serois assurément fort fâchée de le perdre ; mais on s'attend aux accidens qui arrivent à la guerre. Ils ne surprennent & ne confondent pas, comme ce qui vient de m'arriver.

LE CHEVALIER.

Je n'y comprends plus rien ; mais dites-moi donc ce que c'est.

LA COMTESSE.

Un moment de distraction a causé mon malheur. J'étois occupée avec des marchands & des tapissiers ; Zinzoli a trompé ma vigilance : il eſt deſcendu dans la cour. Ah ! ah ! ah ! on me l'a rapporté ne pouvant plus ſe traîner, faiſant des cris qui m'ont percé le cœur, & dont les plus barbares auroient été attendris.

LE CHEVALIER.

Oh ! ma ſœur, puiſqu'il ne s'agit que d'un chien, écoutez ce que j'ai à vous dire ſur le mariage de votre fille.

LA COMTESSE.

Ah ! vraiment je ſuis bien en état de ſonger à des nôces ?

LE CHEVALIER.

Voulez-vous, après avoir rompu ce mariage pour un repas mal ſervi, y renoncer de nouveau pour un chien eſtropié ?

LA COMTESSE.

Quelle cruauté de parler ſi durement de ce qui me pénétre de douleur ! Allez, monſieur, préparer des noces, ordonner des fêtes. Faites tout ce qui vous plaira, pourvu que je n'en entende pas parler, & qu'on me laiſſe en repos ; c'eſt tout ce que je vous demande.

LE CHEVALIER, *bas.*

Le ſentiment habituel ici, c'eſt l'étonnement. Voilà ſa marquiſe ; je ſuis d'avis de les laiſſer ſe déplorer enſemble... Je vais cependant voir s'il y aura moyen de finir.

SCENE VII.

LA MARQUISE, LA COMTESSE.

LA MARQUISE.

AH, comteſſe ! qu'eſt-il donc arrivé depuis un moment que je vous ai quittée ? Tout eſt conſterné dans votre maiſon. J'ai demandé de quoi il s'agiſſoit, perſonne n'a voulu me répondre : mais vos pleurs augmentent le trouble où je ſuis.

LA COMTESSE.

Ah ! ma chere marquiſe, j'ai tout perdu....

LA MARQUISE.

Quoi ! Florimont ! Lui ſeroit-il arrivé quelqu'accident.

LA COMTESSE.

La perte ne seroit pas si irréparable.

LA MARQUISE.

C'est ce qui me semble... C'est donc quelque malheur arrivé à Zinzoli?

LA COMTESSE.

Hélas! oui, marquise. Ce pauvre Zinzoli, que j'aime uniquement, est prêt d'expirer. Je n'ai pu soutenir la vue d'un si affreux spectacle; & je reste ici sans oser m'informer de l'état où il est.

LA MARQUISE.

Je ne suis pas surprise de vous voir si affligée. C'est la plus jolie bête que j'aie jamais vue.

LA COMTESSE.

Ho! ce n'est rien que ses agrémens: son attachement n'a pas d'exemple. Il ne connoît que moi; il ne vit que pour moi; ne peut souffrir que personne m'approche: il dévore ceux qui s'y hazardent, à moins que je ne l'aie accoutumé à leur faire grace.

LA MARQUISE.

Vos regrets sont bien justes, & me rappellent le souvenir de ma pauvre Florine. Il n'y a jamais eu d'affliction pareille à la mienne : je voulois mourir. Je fus huit jours sans boire ni manger : ma douleur me rendit célébre, & immortalisa l'objet de mes regrets. Plusieurs poëtes chanterent ma Florine & sa tendre maîtresse, dont le cœur parut digne de faire le bonheur d'une autre espece. Il est vrai, ma chere comtesse, que ces occasions-là sont bien propres à faire connoître de quoi nous sommes capables pour ce qui mérite de nous plaire.

SCENE VIII.

LA COMTESSE, LA MARQUISE, DUBOIS.

LA COMTESSE.

AH! que vient-on m'apprendre? S'il eſt mort, ne me le dites pas.

DUBOIS.

Non, madame. Tout va bien. Lionnois & l'autre médecin aſſurent que ſa patte eſt ſeulement démiſe : il n'y a point de fracture ; & bientôt il n'y paroîtra pas.

LA COMTESSE.

Ah! quel bonheur! je vais vîte le voir.

DUBOIS.

Je crois que madame feroit mieux

d'attendre que l'opération fût faite ; cela pourroit trop l'émouvoir.

LA COMTESSE.

Il a raiſon. Allez, Dubois : vous m'avertirez de tout ce qui ſe paſſera. (*Dubois ſort.*)

LA MARQUISE.

Je ſuis tranſportée de joie de cet heureux événement. Puiſque tout va bien, voyez donc ma boëte, s'il y a rien d'égal.

LA COMTESSE.

Elle eſt charmante ; & vous êtes trop heureuſe d'avoir une choſe unique.

LA MARQUISE.

Le bon de l'affaire, c'eſt que j'ai attrappé mon Hébert le plus adroitement du monde, & que ma boëte ne me coûte rien, mais exactement rien. J'ai retrouvé, comme par hazard, de vieilles patraques de l'année paſſée (que vous ne voudriez pas regarder) : il les a prises bénignement, m'a livré ma tabatiere, & ne m'a pas demandé un écu. Moi, je n'ai pas été moins contente d'être défaite de ces vilaines antiquailles, que d'avoir ma jolie boëte. Je l'aurois manquée ſans cet heureux expédient; car je n'ai trouvé d'ailleurs nulle reſſource. Ce ſont des procédés étonnans : des gens pour qui l'on n'a rien ménagé, qui vous laiſſent dans l'embarras. Oh! je veux finir tout cela. Mais j'ai bien autre choſe à vous dire. Il n'y a rien de ſi ſurprenant, de plus inattendu. Acaſte, que j'ai rencontré en revenant ici, m'a propoſé ſubitement de l'épouſer. Ne trouvez-vous pas cela trop plaiſant? Lui! moi! C'eſt la plus bouffonne choſe qui ait jamais été imaginée.

LA COMTESSE.

Que lui avez-vous répondu ?

LA MARQUISE.

Rien : mais je crois que mon étonnement aura fait ma réponſe. Quand il a vu que je ne répondois pas, il s'eſt mis à chanter ; & nous nous ſommes ſéparés.

LA COMTESSE.

Ceci eſt rare, & mérite pourtant réflexion.

LA MARQUISE.

Vous ſçavez ce que je penſe pour lui ; & mes projets pour ce qui le regarde.

LA COMTESSE.

Eh, oui ! je ſçais tout cela. C'eſt ce qui me rend attentive au parti que vous avez à prendre.

LA MARQUISE.

Que trouvez-vous à délibérer ? C'eſt un homme dont je veux plus que jamais me défaire. Outre ſes bouraſques qui me ſont devenues inſupportables, j'ai toutes ſortes de ſujets de me plaindre de lui.

LA COMTESSE.

Je n'héſite pas ſur la néceſſité de vous en débarraſſer : mais, je ſonge que vous ſouhaitez d'éviter le fracas ; & en effet, les moyens les plus doux ſont toujours les meilleurs . . . & peut-être ne feriez-vous pas mal de le prendre au mot.

LA MARQUISE.

Comment donc ?

LA COMTESSE.

Oui : de l'épouſer pour vous en défaire.

LA MARQUISE *riant.*

Ah! ah! ah! l'invention eſt excellente... Comteſſe, je veux ſuivre votre conſeil, ne fut-ce que pour la rareté du fait.

SCENE IX.

LES MESMES ACTEURS, ET UN NOTAIRE.

LA COMTESSE.

QUI eſt cet homme-là? Ah! je vois ce que c'eſt. Eh bien! comment cela va-t'il?

LE NOTAIRE.

Madame, la choſe eſt en regle; & je me ſuis attaché à rendre tout ſi clair & ſi précis, qu'il ne puiſſe y avoir ni équivoque, ni difficulté.

LA COMTESSE.

C'eſt apparemment une ordonnance que vous avez faite?

LE NOTAIRE.

Si je ne l'ai pas faite, je me pique aumoins de l'entendre; & de la ſuivre mieux, peut-être, qu'aucun de mes confreres.

LA COMTESSE.

Mais, croyez-vous que, dans cette occaſion, il ſoit néceſſaire de lui donner quelque choſe?

LE NOTAIRE.

Vous ne lui donnez rien, madame; elle a ſes biens paternels; & vous la mariez avec ſes droits....

LA COMTESSE.

Vous n'êtes donc pas ce médecin que Lionnois doit avoir amené, pour conſulter avec lui ſur l'accident de Zinzoli?

LE NOTAIRE.

Non, madame. Je ſuis notaire; & j'apporte le contrat de mariage de mademoiſelle votre fille.

LA

LA COMTESSE.

Ah! dites donc. En vérité, marquiſe, cela devient faſtidieux. N'entendre, pendant tout un jour, parler que de mariage, que de platitude!

SCENE X & DERNIERE.

TOUS LES ACTEURS.

ACASTE.

VOICI toute la compagnie que j'amene. Je vais voir ſi j'ai la main bonne pour les mariages : cela ſeroit aſſez plaiſant. J'aurois cependant beau m'en défendre, il eſt démontré que j'ai beaucoup de part à celui-ci.

ORNAC.

J'eſpere qu'il vous mettra en réputation.

ACASTE.

C'eſt-à-dire, qu'il me bardera de ridicule ; & que pendant ûn mois, peut-être, que dureront vos empreſſemens, il faudra que je me cache, pour n'être pas obligé d'en faire raiſon au public ſcandaliſé. Mais, vous me réhabiliterez, n'eſt-il pas vrai, belle Julie ? Voilà des yeux...

LE CHEVALIER.

Il me paroît que nous ferions mieux de finir, & de ſigner tout de ſuite.

LE BARON.

Cela eſt vrai. Auſſi-bien n'entens-je rien du tout à ce qui ſe dit aujourd'hui ; & il ſemble qu'on parle ici une autre langue que celle qu'on y parloit il y a quelques années. Allons, monſieur, donnez la plume à madame la comteſſe.

LE NOTAIRE.

Il faut que les futurs conjoints ſignent les premiers.

ORNAC.

Donnez, donnez. Au moins, belle Julie, vous êtes convaincue que je n'ai jamais aimé, & que je n'aimerai jamais que vous. (*Ornac & Julie signent.*)

LE NOTAIRE.

C'est à présent à madame la comtesse... Mais, madame, à propos, le contrat n'a pas été relu aux parties; s'il vous restoit quelque difficulté sur ce que vous m'avez dit tout à l'heure, je vais vous le lire.

LA COMTESSE.

Ah, Dieu! gardez-vous-en bien. Un contrat de mariage! Il y a de quoi en mourir. Je crois que j'aimerois mieux qu'il me ruinât, que d'être obligée de l'entendre.

LE CHEVALIER.

Aussi n'est-il pas nécessaire : nous l'avons lu attentivement, monsieur le baron & moi ; il eſt fort bien.

LA COMTESSE.

Donnez que je ſigne ... (*elle ſigne.*) Enfin m'en voilà quitte.... (*le baron & le chevalier ſignent.*)

ACASTE *à la marquiſe.*

Madame la marquiſe a-t'elle fait ſes réflexions ſur ce que j'ai eu l'honneur de lui propoſer?

LA MARQUISE.

Oui, & j'accepte par des motifs aſſez ſinguliers.

ACASTE.

Les miens ne le ſont peut-être pas moins .... (*au notaire*) N'auriez-vous pas ſur vous quelque contrat de mariage de hazard, & tout dreſſé, pour madame la marquiſe & pour moi, qui voulons nous unir? Nous terminerions ſur le champ.

LE NOTAIRE.

Non, monsieur: mais cela sera bientôt fait, si vous voulez; & dans une heure au plus tard . . . Mais il faut pourtant, outre les noms & surnoms des parties, que vous me donniez quelques éclaircissemens.

ACASTE.

Prenez les noms sur une carte; je vais vous les dicter. Un douaire de huit mille livres à madame, tout à ma disposition. . . . Le reste, comme il vous plaira.

LE NOTAIRE.

Madame la marquise est majeure, sans doute, & jouissante de ses droits?

LA COMTESSE.

Eh, fi! monsieur, à quoi cela sert-il? Voilà un sot homme, mon frere, que vous avez choisi.

LE NOTAIRE.

Il n'y a pas un de mes confreres qui ne fît la même question. C'est une circonstance essentielle.

ACASTE.

Allez, allez... Majeure à tout hazard.

LA MARQUISE.

Il est sûr que voilà de ridicules formalités.

LA COMTESSE.

Je vous dis qu'on n'y tient pas.

LE NOTAIRE.

Dans un moment, je vous apporterai votre contrat.

ACASTE.

Apportez. Allons, ce mariage-ci fera peut-être un peu supporter l'autre : je me réjouis d'entendre ce qu'on en dira.

LE BARON.

Me permettez-vous, madame, de

vous régaler d'un concert ? J'ai fait avertir les meilleurs musiciens qu'on a pu trouver ; & après le souper, ils pourront jouer pour le bal.

LA COMTESSE.

Ah ! de grace, monsieur, ni danse, ni musique ; cela est d'un ennui, d'un bourgeois, d'une misere !

LE BARON.

De mon temps, les noces se célébroient avec magnificence ; & on ne négligeoit rien pour en augmenter la gaieté. C'est la circonstance de la vie où il semble le plus permis de se livrer à la joie : on partage celle des époux ; & les parens, qui y envisagent l'espérance d'une nouvelle postérité...

LA COMTESSE.

Ah, ciel ! de la postérité ! Allons, M. le Baron, allons nous mettre à table.

FIN.

www.ingramcontent.com/pod-product-compliance
Ingram Content Group UK Ltd.
Pitfield, Milton Keynes, MK11 3LW, UK
UKHW021134260726
13994UKWH00001B/137

9 782329 352138